仏教を学ぶ

日本仏教がわかる本

服部祖承

大法輪閣

目　次

装丁　福田和雄

序章

宗教とは

1 あなたは宗教を信じていますか〈1〉

もし、このような質問をされたら、あなたはどう答えられますか。

海外へ旅行したとき、国によっては入国の際「あなたの宗教は何ですか」と聞かれることがあるそうです。そのとき「私は無宗教です」と言ったとしたら、入国を拒否されるそうです。せっかく、現地に来ていながら入国ができないとなれば大変なことになります。

幸い日本の国内では、そんなことはありませんから心配はいりませんが、だからといって無宗教であってよいものでしょうか。残念ながら日本人は宗教音痴《おんち》といわれるくらい宗教について、あまりにも知らなさすぎるようです。事実、宗教がなくても生きることはできるからです。

なぜ、宗教が必要なのか。それを考えてみたいと思います。

そのために、日本人の宗教に対する考え方について現状を振り返ってみましょう。

では、まず、他人《ひと》から「あなたは宗教を信じていますか」とか「神や仏を信じられますか」と聞かれたらどう答えますか。「私は無宗教ですから信じていません」とか「わかりません」などと答える人が多いようです。

にもかかわらず、お正月になると初詣《はつもう》で客のなんと多いことか。家族こぞって有名な神社や仏閣に詣でます。おそらく家内安全・商売繁盛・病気平癒《へいゆ》など、いわゆる現世利益《げんぜりやく》を願ってのことでしょうか。

また、お彼岸《ひがん》やお盆になると、寺詣《まい》りやお墓参りはされますが、ふだん、ご自分の菩提寺《ぼだいじ》にはなかなか出向かれることは少ないようです。また、菩提寺のことについてもあまりよくご存知ないように思われます。

さらに、結婚式になると、神社や教会で挙げる人があります。ホテルなどでも行なわれています。これも信仰からではなく、ただ便宜《べんぎ》的に利用しているだけのようです。

このように日本人の宗教に対する考え方は、宗教を心の依りどころとしてではなく、自分の住んでいる地域の風俗の一部として、また先祖代々からの慣習として、ただ受け継《つ》いでいるにすぎないという感じがします。

これでは、宗教が自分にとって何を意味するのか、わかるはずはありません。ところが、人生上の窮地《きゅうち》に遭遇すると、自分にとって利益がありそうなら、どんな宗教でも「藁《わら》をもつかむ思い」ですがり、神仏に祈ろうとするのではないでしょうか。

これが、日本人の宗教に対する一般の現状ではないでしょうか。

2

あなたは宗教を信じていますか〈2〉

日本の宗教人口は、仏教と神道《しんとう》系だけでも二億人を越すといわれています。その上、他の宗教の分を加えると、さらに多くなります。日本の人口が約一億三千万人ですから、それと比べるとかなりの違いがあります。これはどうしてでしょうか。

それは一人でいくつもの宗教にかかわっているからでしょう。たとえば、お寺の檀信徒《だんしんと》でありながら、地域の神社の氏子《うじこ》であったり、他の新宗教などにかかわったりしているからです。

統計上はこのようになっていますが、果たしてどれだけの人が自分の宗教として自覚し、そして熱心な信者といえるでしょうか。日本の場合、外国に比べ宗教と名のつく団体があまりにもたくさんあります。しかし実質は、冠婚葬祭《かんこんそうさい》として特定の時だけ何らかの宗教の儀式には参加するが、宗教的なものに対する関心や興味はそれほどないのです。したがって日常の生活も宗教的でなく、俗的な生活に浸っているといっても過言ではありません。

まことに不躾《ぶしつけ》ですが、みなさん方はいかがでしょうか。このことは大切なことですので一度じっくりと考えていただきたいものです。

私たちは、日常何らかの意味で宗教にかかわっていることは事実です。そこでその宗教についてのかかわり方をもう少し考えてみたいと思います。そのかかわり方には、次の四つのタイプがあるといわれています。みなさんはどのタイプに入るのでしょうか。

①知識や教養として

宗教の歴史や人物について、また仏像や建造物などについて関心を持ち、調べたり、各地の神社仏閣等をめぐって勉強する。

②迷信や邪信として拒否する

「宗教には迷信や邪信が多くあり、非科学的・非常識的である、また教団や宗教者に胡散《うさん》臭《くさ》さがあって信ずることができない」として宗教を拒否する。

③冠婚葬祭などの習俗として

宗教についてあまり関心も興味もないが、ただ地域の習俗としてのおつきあいで参加しているだけである。

④熱心に信仰する

心の依りどころとして熱心に信仰するが、ときには熱心のあまり他人を改宗させたり、折《しゃく》伏《ぶく》しようとする。

3 望ましい宗教のかかわり方〈1〉

日本人の宗教のかかわり方には、四つのタイプがありました。先にその実態をご紹介しました。では、どのようなかかわり方が望ましいのでしょうか。それについて今一度、この四つのタイプをもとに考えてみたいと思います。

まず初めに、知識や教養としてのかかわり方ですが、これは宗教、特に仏教を理解する上で非常に大切なことです。日本人は、宗教音痴といわれるくらい、一部の人を除き、全く無知であります。したがって、できれば、もっともっと宗教について学んで欲しいものです。一般の人々もさることながら、宗教家自身がもっと積極的に布教教化に力を入れるべきだと反省させられることであります。

次に、迷信や邪信として拒否するタイプについては、宗教のすべてが迷信や邪信なのではありません。確かに一部には、いかがわしい、インチキな宗教があります。しかし、大切なのは、何が迷信か正信《しょうしん》かと見極めることです。そのためには、宗教そのものをもっと知らねばなりません。うわべだけで判断しては危険です。宗教は大切なものだけに、慎重であらねばなりません。苦しいときの神だのみ式では、正しい宗教のかかわり方とはいえません。また、友引《ともびき》や三月越《みつきご》し（二一頁参照）などの言葉に惑《まど》わされないように、しっかりした見識を持たねばなりません。

次に、冠婚葬祭などの習俗にかかわる場合ですが、このタイプが日本人に一番多いようです。これらの人は、日本の歴史的伝統を重んじ、昔からの制度やしきたりを維持して、まわりの人たちと同調して無難な生活を送ろうとする人たちです。このように、地域の習俗に参加し、しきたりを重んずることも大切ですが、それだけでは宗教を信じていることにはなりません。宗教についての自覚を持ち、積極的に宗教活動を実践してみて下さい。これは各自の心がけしだいで、できることですから。

そして最後の、熱心に信仰するタイプですが、信仰は必ずしも特定の宗教団体に入信することではありません。宗教は、あくまでも心の依りどころであり、やすらぎを求めるためにあるものですから、決して強制されて、するものではありません。自由に、そして十分納得した上で自らが信じ、実践するものです。

ちなみに、特に仏教は、生きている人間のための宗教であって、先祖供養とは本来、区別されるものであります。

4

望ましい宗教のかかわり方〈2〉

これまでの日本人の宗教に対するかかわり方について、一般的な傾向を考えてきました。四つのタイプがありましたが、それぞれともに大切な要素を含んでいますから、むしろ、みんなを取り入れていくべきだと思います。

知識・教養としても必要だし、迷信にとらわれることなく、また社会生活上、冠婚葬祭にも参加し、大切にしていかねばなりません。そして最も大切なことは、信念にもとづく求道心《ぐどうしん》を持つことであります。

宗教は、心の依りどころであり、心のやすらぎを求めるものです。ですから、必ずしもどこかの宗教団体に入信することではありません。

では、望ましい宗教のかかわり方についてもう少し考えてみたいと思います。他人事ではなく、私たち自身の問題として考えてみましょう。

平素は、無宗教・無関心だと言っている人でも、いったん身内に不幸が生ずれば、無宗教・無関心だと言ってはおられません。急に宗教心がよみがえってくるものです。人は、何かがないと本気になれず、真剣になれないものです。たとえば、病気をするとか、家族の誰かが死ぬとか、また事業などに失敗したとか、大きなショックがない限り、なかなか心を動かさないのであります。

したがって、宗教心の始まりは、人の死に直面したときなどに起こるといってもよいでしょう。最も身近な人が亡くなったときに、初めて死の自覚がめばえ、今まで味わったことのない心境になり、うろたえたり、何かに頼ろうとするものです。

本来、人間は弱い存在です。溺《おぼ》れるものは藁《わら》をもつかむ心境になるのもわかります。このようなときにこそ、真に頼れる宗教が必要なのです。

ところが、えてして人の弱みにつけこみ、邪心をもって宗教まがいのものが、いかにも救世主かのような顔をして手をさしのべるようです。これに対しては心すべきです。

ですから、よほど慎重に対処しなければなりません。生きている人間の平素からの心がけが大切です。苦しいときの神だのみではなく、平素からの宗教に対するかかわりが重要なのです。お葬式だけを済ませばよいのではありません。宗教に無関心ではなく、逆に大いに関心をも持つべきです。

5

宗教を信ずるのと、かかわるのとどう違うか

宗教を信ずるとは、どういうことなのでしょうか。今まで宗教のかかわり方について考えてきましたが、信ずるとの違いはどうなのでしょうか。

簡単に宗教を信ずるとか、信じないとか不用意に申しますが、果たしてそういうことを言う人自身、宗教とは何だと考え、また本当に信じているのでしょうか。

常識的にいえば、宗教を信ずるとは、どこかの宗教団体に入信することだと言い、そうでなければ無宗教、つまり信じていないのだと言うのかもしれません。しかし、日本人の場合、信じてはいないが、かかわっている場合の方が多いのです。

よく宗教、特に仏教の場合、応病与薬《おうびょうよやく》であるといわれます。つまり、病《やま》いに応じて薬を与える、これが仏教だというのです。これだと説明が簡明で納得がいきそうです。

病気でない者が薬を飲むことはありません。病気になって初めて、その病いに応じた薬が与えられます。そのために、医者があり、看護婦がいるのです。そして病院や医療機具、それに薬が必要になってくるのです。

健康な人にとっては、医者も病院も薬も関係ありません。病気になって初めて必要になってきます。しかし病気ではないが、平素よりの健康管理は大切です。適度の運動、適度の休養や睡眠、それに体力のもとになる食物、栄養を考えた食事が必要です。つまり、平素よりの病気にならないための工夫が大切なのです。つまり予防です。

宗教の場合も、これと同じことが言えるのです。医療の場合は、特に肉体的な病気を中心に考えますが、宗教は精神的な病気を中心に治療を施すはたらきだと考えられます。

精神的な面、つまり心の問題であります。心の病いのことです。たとえば、喜怒哀楽などはみんな心に関係があります。言い換えれば心の苦悩のことです。怒ったり、泣いたり、うらんだり、ぐちったり、うらやんだり、くよくよしたりなど日常茶飯事で、いくらでもあります。これらの苦悩、つまり心の病いを癒《いや》すのが宗教であり、仏教なのです。

ですから、初めからどこかの宗教団体に入信することではないのです。いろいろと予防の意味でかかわってみることは大切なことかと思います。それも宗教に対する大切な一つの考え方かと思いますが、どうでしょうか。

6 宗教は薬にも毒にもなる

病《やま》いに応じて薬を与える（応病与薬《おうびょうよやく》）、苦しみを抜いて楽しみを与える（抜苦与楽《ばっくよらく》）、迷いを転じて悟りを開く（転迷開悟《てんめいかいご》）、これが仏教であります。つまり、人間が安楽に生活できるように導くのが宗教であり、仏教なのです。

ところで、宗教もさまざまあり、信仰の自由ですから、何を信じてもよいのですが、現在は、大方がご利益《りやく》宗教です。商売繁盛・交通安全・病気平癒《へいゆ》など現世利益《げんぜりやく》の神仏を信仰する宗教が大繁盛しています。苦しいときの神だのみ式の信仰です。

また、日本の仏教についても、現在は、葬式と法事が主となった先祖供養の信仰といえるのではないでしょうか。ご先祖に感謝し、子孫の繁栄を願って、家に連なる血縁の一族が代々継承し、今は亡き人を供養する宗教が現代の仏教の姿といえましょう。

ご利益がいただける宗教も、ご先祖を崇拝する宗教も結構なことですが、本来の宗教や仏教は、そのようなものではありません。人生の尊さやありがたさを教え、美しく、清く生きる心を開き、神仏を敬《うやま》い、いつくしみ深く、平和に、幸福に生きるための道しるべが本当の宗教であり、仏教でありました。ところがいつのころからか、ご利益信仰や先祖供養信仰になってしまったのです。お釈迦さまが説かれた仏教は、人間が人生の尊さに目覚めて、日々を正しく生きる道を示されたものです。

何年か前に、ある宗教教団が世間を騒がせ、大きな問題を起こしました。そのために宗教全体のあり方の見直しが強いられています。宗教は、人間にとって必要なものであります。人間が人間として正しく立派に生きるために大切なものなのです。

ところが、日本人は、宗教音痴《おんち》といわれるくらい、宗教について無知で、実践も伴っていません。また反面、宗教に狂気じみるくらい熱心な信者がいます。熱心なのは結構なことですが、えてして日常の行状において、宗教の真実から離れてしまっている場合がしばしばあります。その結果、人間関係を悪くしたり、宗教活動に奔走《ほんそう》するあまり、家事等をおろそかにして家庭内不和を招いたりしているようです。また、一方的な考えを押しつけて、ずいぶんと他人に迷惑をかけていることを聞いたりします。

宗教は宗教心の乏《とぼ》しい者がかかわりをもつと毒となり、宗教心を備えた人がかかわるとき、薬になるのです。宗教は信じ方によって、薬にも毒にもなるのです。本当の宗教を求めて努力したいものであります。

7

無心に祈る

神仏を祈ることを祈願するとか祈祷《きとう》するとかいいます。この祈りの行為は、すべての宗教において行なわれています。では、宗教ではなぜ祈るのでしょうか。このことについて少し考えてみましょう。

普通、私たちは祈る場合、何かを願って祈るのではないでしょうか。祈りとは、むしろ何かを願うものだと考えています。そして祈ることによって、願いがかなうものだとも思っています。

ところで、その祈る中身にはどんなものがあるのでしょうか。

現世的利益《りやく》といわれるものには、病気平癒や商売繁盛・家内安全・交通安全・受験合格などがあります。また、来世的利益には、極楽往生や死後の幸せなどの願いがあります。

いずれにせよ、ご利益を願う祈りです。これは誰しも望むことですが、果たして祈ったからといって必ずかなえられるものではありません。

たとえば、池の中に落ちた宝物が、祈ることによって浮かび上がってくるでしょうか。いくら熱心に祈ったからといって浮かんでくるはずはありません。ですから、功利的な自分の都合のよい願いごとを祈ることは、正しい祈りではないのです。

では、どんな祈りがよいのでしょうか。それは、感謝の祈りであります。私たちは、あらゆるもののおかげで生かされているのですから、まず感謝を忘れてはなりません。そして次には、他人の幸福を祈りましょう。私たちは、利己的な願いを祈りがちですが、他の人々の幸福を祈ってあげることです。そして、その上で家族の人々の安全を祈るのであります。

祈ったから必ずみんなが幸福になれるものではありませんが、その祈る心がけ、その気持が尊いのです。感謝の念をもち、合掌して他人の幸福を祈る姿は、まことに美しいものです。またその敬虔な祈りは無心そのものです。無心とは、とらわれのない心、邪念が払われた、すがすがしい心のことであります。

宗教は、人間の生死《しょうじ》をはなれる道だともいわれますが、これは、とらわれのない心、邪念を払った、すがすがしい心になる修行の道です。

私たちは、たとえ一瞬でも、とらわれた心から離れて、無心に祈りたいものです。この無心こそ宗教の根本なのですから。

8 仏教を正しく理解し実践しよう

仏教には、多くの誤解や迷信が入りまじって、正しい仏教精神がなかなか伝わってはいません。事実、私も宗教者の一人として、日々宗教活動を行なう上で痛感《つうかん》しています。これでよいのか、何とかできないものかと、私なりに努力していますが、微力で、なかなかおぼつきません。

私は、寺報《じほう》の『だるま』を通して私自身が仏教の教えを学び、それをみなさんにお伝えして参りました。私自身は大変よい勉強になりました。だからこそ、現状を憂えるのです。

仏教には永い歴史があります。いろいろ変遷《へんせん》を重ねるうちに、誤解が生じ、迷信も入り込み、その上、各宗派のエゴがあって、このようになってしまいました。結果、日本には仏教はあっても形骸化して、真の仏教の心が失われてしまったといっても過言ではありません。

そこで、ここでは迷信打破をめざして、現在迷信だとされている幾つかの例を挙げてみたいと思います。

まず、人心を惑《まど》わし、社会の不安を招くような呪術《じゅじゅつ》や暦日《れきじつ》の吉凶《きっきょう》判断のあることです。また、家相《かそう》・人相・手相・印相・墓相《ぼそう》などの占いのあることです。

たとえば、友引や仏滅、大安などの六曜ですが、よくよく考えてみれば不合理なことがすぐわかります。日によって吉凶などあるはずはありません。むしろ日々是好日《にちにちこれこうにち》を考えるべきでしょう。厄年《やくどし》についても、年齢によって大厄とか前厄《まえやく》、後厄《あとやく》だといって忌《い》み慎まねばならないとしています。これらはかえって人々を不幸におとし入れ、不安にさせています。これら迷信を信ずる人は、いつまでも迷った人生を送らねばならないでしょう。

また、墓相学なるものがあって、墓石の形や大きさなどによって幸・不幸を招くと言います。これも全く関係のないことに気づかねばなりません。さらに、中陰供養《ちゅういんくよう》のとき、三ヶ月にまたがると三月越《みつきご》しといって四十九日を待たず二ヶ月以内に切り上げてしまうことがあります。これは、単なる語呂合わせで三月を「みつき」と読み、汚れが身につくとか、身を突く、とかいって忌み嫌うのです。

死者は、家族にとって決して忌み嫌うような存在ではありません。これは死に対する恐怖心からくるものでしょう。ですから「みつきごし」も関係のないことです。

以上、一例ですが、これらつまらない迷信に惑わされず、何が正しいのかよく見極めて実践してほしいものです。

第一章

日本仏教の移り変わり

1 仏教の中の日本仏教

仏教は、いうまでもなくお釈迦さまの説かれた教えをもとにできた宗教です。以来、約二千五、六百年の間に仏教は大きく変貌《へんぼう》いたしました。

初めのインドで起きた仏教がインド仏教、やがて中国に伝われば中国仏教となり、さらに朝鮮半島、そして日本に伝わって日本仏教となりました。その他、世界各地へと広まり、その国々によって新しい仏教として発展していきました。また、小乗《しょうじょう》仏教から大乗《だいじょう》仏教へと進展し、大衆の仏教になりました。日本に伝わったのはこの大乗仏教です。

日本に仏教が伝わったのは、今から約千四百七十年ほど前のことですが、特に飛鳥《あすか》時代のころ聖徳太子によって正式に日本に導入されました。もともと日本には、古来から神をあがめる宗教があり、そこへ仏教が入ってきたのですが、幸いうまく融合しました。

さて、日本に伝わってきた仏教は、その後どのように変わってきたのでしょうか。日本仏教の特徴を考えてみたいと思います。

仏教は本来、一般の人々のための宗教なのですが、国家鎮護《こっかちんご》に利用され、祈祷《きとう》仏教になってしまいました。また個人の災厄回避《さいやくかいひ》や病魔退散などの祈祷もさかんに行なわれ、さらには家族制度を中心とした祖先崇拝や先祖供養が行なわれるようになりました。このように、日本の仏教の多くは現世的利益《りやく》を主とした祈祷仏教になってしまったのです。

仏教は、生きている人間の苦悩を解消し、仏陀になるための宗教でしたが、現実の姿はそうではありません。

さらに日本の仏教は、お釈迦さまを中心とせず、宗祖を中心とした宗派仏教になりました。たとえば、最澄《さいちょう》の天台宗《てんだいしゅう》、空海《くうかい》の真言宗《しんごんしゅう》、法然《ほうねん》の浄土宗《じょうどしゅう》、親鸞《しんらん》の浄土真宗《じょうどしんしゅう》、日蓮《にちれん》の日蓮宗、道元《どうげん》の曹洞宗《そうとうしゅう》、栄西《えいさい》の臨済宗《りんざいしゅう》、隠元《いんげん》の黄檗宗《おうばくしゅう》などであります。

そして、仏教徒である檀信徒《だんしんと》は、そのいずれかの宗派の菩提寺《ぼだいじ》に帰属しています。したがって日本では、お釈迦さまに直参《じきさん》する一般仏教徒は一人もいません。そして統合された日本仏教の教団もありません。これが日本仏教の実態であります。

仏教は、あくまでもお釈迦さまが中心でなければなりません。そしてお釈迦さまの教えにもとづかねばなりません。つまり、お釈迦さまの仏教があって、日本の仏教があり、宗派仏教があるのです。いかがですか。

2 日本の宗派仏教について

日本の仏教は、宗祖を中心とした宗派仏教です。このことについてもう少し考えてみましょう。仏教はもともとお釈迦さまがお開きになったものです。そしてお釈迦さまは「対機説法《たいきせっぽう》」といって、一人ひとりの相手に対して、その素質や境遇に応じた教えをお説きになりました。医者が患者の病気に応じて薬を与えるように、仏教も苦悩を持った信者に対し、その苦悩に応じた教えを説くところから、仏教を「応《おう》病《びょう》与《よ》薬《やく》」ともいいます。

このように相手によって説く教えも、また方法や手段もいろいろ工夫しなければなりません。このことから日本ではいろいろな宗派が生まれたものと考えられます。現在、日本には平成十五年版の『宗教年鑑』によりますと、平成十四年末現在で十三宗一五七派の宗派があるそうです。

仏教が初めて日本に伝わったころには宗派は一つもありませんでした。それが奈良時代になって南都六宗と呼ばれるように六つの宗派が中国より伝えられました。その後、現在のように数多くの宗派ができたのです。

では、ちなみにその十三宗を古い順からご紹介しましょう（右『宗教年鑑』による。一部修正）。

【宗名・成立年】	【宗祖】
①法相宗《ほっそうしゅう》（六六二）	道昭《どうしょう》
②華厳宗《けごんしゅう》（七四〇）	良弁《ろうべん》
③律宗《りっしゅう》（七五九）	鑑真《がんじん》
④天台宗《てんだいしゅう》（八〇六）	最澄《さいちょう》
⑤真言宗《しんごんしゅう》（八〇七）	空海《くうかい》
⑥融通念仏宗《ゆうずうねんぶつしゅう》（一一一七）	良忍《りょうにん》
⑦浄土宗《じょうどしゅう》（一一七五）	法然《ほうねん》

【宗名・成立年】	【宗祖】
⑧臨済宗《りんざいしゅう》（一一九一）	栄西《えいさい》
⑨浄土真宗《じょうどしんしゅう》（一二二四）	親鸞《しんらん》
⑩曹洞宗《そうとうしゅう》（一二二七）	道元《どうげん》
⑪日蓮宗《にちれんしゅう》（一二五三）	日蓮《にちれん》
⑫時宗《じしゅう》（一二七四）	一遍《いっぺん》
⑬黄檗宗《おうばくしゅう》（一六六一）	隠元《いんげん》

なお一五七派については後に触れます（四〇頁参照）。このように多くの宗派ができたのは当然、歴史的な必然性はあることですが、これをどのように受け止めればよいのでしょうか。

山登りの例で考えてみましょう。山にはいくつもの登山口があります。登山者はそのうちから自分に合った登山口を選んで登ることでしょう。たとえ登山口が違っても、結局同じ頂上に到着するわけです。道は違っても目標は一つであります。

仏教の宗派もこれと同じことがいえるのではないでしょうか。それだけ仏教が豊かであり、おおらかな宗教だからです。

3 仏教伝来と聖徳太子

宗派仏教となった日本仏教は、どうしてこのように多くの宗派に分かれてしまったのでしょうか。このことを考える前に、少し仏教の移り変わりをみることにしましょう。

まず仏教は、いつ、どこから日本へ伝えられたのでしょうか。

この仏教は、今から約二千五百年前に、インドのお釈迦さまによって創始され、次いでインドから中国へと伝えられました。やがて中国から朝鮮半島の高句麗《こうくり》や百済《くだら》・新羅《しらぎ》の三国へと伝えられました。

そして今から約千四百七十年前、西暦五三八年（一説には五五二年）、当時の百済の聖明王《せいめいおう》が日本の朝廷に対して仏教の経典や仏像などを献上いたしました。これが日本に仏教が伝えられた初めとされています。しかし、それ以前からも日本に渡来してきた朝鮮半島系の人たちを中心に、仏教の信仰はすでに広まっていたようです。

ところが仏教が日本において認知されるには、政治がらみの抗争がありました。それは日本には古来より国神をまつる神道がありましたが、これを崇拝する物部氏《もののべし》と、仏教を崇拝しようとする蘇我氏《そがし》との争いでした。その結果、崇仏《すうぶつ》派の蘇我氏の勝利が決まり仏教が公認されることになったのです。

このときの仏教は、百済仏教そのものでした。その後には高句麗や新羅からも伝わってきました。とにかく、日本の仏教は朝鮮仏教の影響を大いに受けているのです。

それに仏教を自分の氏神《うじがみ》として除災招福《じょさいしょうふく》を願う蘇我氏が中心になって、仏教はいよいよ盛んになっていきました。留学僧を派遣したり元興寺《がんごうじ》などのお寺も建立されました。

その後、聖徳太子（五七四〜六二二）の奨励によって仏教は、その基礎を固めることができました。聖徳太子は、十七条の憲法を制定（六〇四）され、「和《わ》を以《も》って貴《たっと》しとなし」、さらには「篤《あつ》く三宝《さんぼう》を敬え、三宝とは仏法僧なり……」と声高くうたわれたのです。このように聖徳太子は、仏教を学問としてだけでなく仏教の基本的な立場を政治の中心に取り入れられました。

やがて奈良時代に入りますと、中国から南都六宗と呼ばれる六つの宗派が伝来しました。法相宗《ほっそうしゅう》・華厳宗《けごんしゅう》・律宗《りっしゅう》、それに三論宗《さんろんしゅう》・倶舎宗《くしゃしゅう》・成実宗《じょうじつしゅう》ですが、現在はそのうち初めの三宗だけが存在しています。

この時代になって仏教は、国家のために利用される鎮護国家《ちんごこっか》としての仏教に変わりました。そしてまた、一般の人々には全く無縁の典型的な貴族仏教になったのであります。

4

奈良・平安時代の仏教

奈良時代の仏教は、仏教の教義に対する「学問的研究」と国家安康を祈願する「祈祷」が大きな特徴でした。当時の天皇であった聖武《しょうむ》天皇（七〇一～七五六）は、仏教を深く信仰され、数多くの国分寺《こくぶんじ》や国分尼寺《こくぶにじ》、それに東大寺《とうだいじ》などのお寺を建立されました。今日なお有名な東大寺の大仏（毘盧舎那仏《びるしゃなぶつ》）も、このときに造立されています。このように日本の仏教は最盛期を迎えたのでした。

やがて平安時代に入りますと、最澄《さいちょう》（七六六～八二二）と空海《くうかい》（七七四～八三五）が登場してまいります。この二人は、同じ年（八〇四）に遣唐使の一員として中国（唐）に渡りました。

最澄は中国の天台山《てんだいさん》に入り、天台の教学を学び、禅や密教も伝授され、翌八〇五年に多くの経《きょう》巻《かん》を持って帰国します。帰国後は、「法華経《ほけきょう》」にもとづく総合仏教を日本に定着させようと比叡《ひえい》山《ざん》に延暦寺《えんりゃくじ》を建てました。これが日本の天台宗の始まりで、以後、比叡山は、長い間、日本の宗教や文化の中心となりました。

また、一方の空海は、中国の青竜寺《せいりゅうじ》で、当時の中国の新しい仏教である密教を学びました。

そして、密教の法を伝授され、二年後の八〇六年に帰国します。

当時の日本仏教は、奈良時代のように国家安康・五穀豊穣《ごこくほうじょう》・病気平癒《へいゆ》などの祈祷仏教でしたが、空海は密教にこれまでの仏教と違った新たな魅力を感じて、最初は京都の高雄山寺《たかおさんじ》で真言密教の法灯を掲《かか》げました。次いで、八一六年、高野山《こうやさん》に金剛峯寺《こんごうぶじ》を創建し、密教の修行道場の基礎がいよいよ築かれたのでした。

空海は、密教を理論的、実践的側面から新仏教として確立し、やがて国家鎮護のために密教の行法《ぎょうほう》を修するだけでなく、「済世利民《さいせいりみん》」（一般民衆の救い）を願って全国を巡行しました。その空海の姿勢は、積極的に民衆の世界にとび込んでいこうとするもので、「新しい生きる仏教」としての密教を明確にしました。

ところで、平安時代も末期に入りますと、「末法思想《まっぽうしそう》」が貴族や庶民の間に色濃く漂《ただよ》いはじめました。「末法思想」とは、社会の発展と仏法の変わりゆきについての、一つの予言のようなものです。つまり、お釈迦さまの没後、一千年間は正しい仏教が伝えられるが、次の一千年間は仏教の教えは残ってはいるが、その効果はうすれていく、そしてそれ以後は仏教の教えが全くすたれてしまうという考え方であります。これにより当時の人たちは、仏教に対して大きな危機感を持ちました。

5

末法思想と浄土思想の高まり

平安時代の末期に芽生えた末法《まっぽう》思想は急速に流行しはじめて、人々を不安におとし入れました。お釈迦さまが亡くなって最初の一千年間を正法《しょうぼう》の時代（お釈迦さまの教え、教えを実践する人、悟りを開く人のある時期）、次の一千年間を像法《ぞうぼう》の時代（教えがあり、修行者はいるが、悟りを開く人はいなくなる時代）、そしてあとを末法の時代（お釈迦さまの教えだけが残っているが、それを実践する人も、悟りも消滅した時代）といいます。ちなみに現代はお釈迦さまの没後、二千五百年以上もたっていますから、すでに末法の時代に入っています。

ところで、平安時代の仏教のもう一つの特徴は、神仏習合《しんぶつしゅうごう》の思想です。これは日本古来の神々と仏教の仏とは同じものであるという考え方です。したがってお寺に神社をまつったり、神社をお寺にした神宮寺《じんぐうじ》などが造られました。この神仏習合の思想は、明治維新後の神仏分離のときまで長く続きました。そして、日本人の信仰と生活に深く定着しました。

それからさらに、末法思想とともに高まってきたのが浄土思想です。人々の苦しみを救済するという阿弥陀如来を本尊とする浄土教です。末法の世をいとい、来世の極楽を求める浄土思想は、末法の不安とともに高まったのでした。阿弥陀如来の誓願を信じて「南無阿弥陀仏」と常に称《とな》えると、極楽に往生《おうじょう》できるという教えです。この浄土信仰を広めたのが空也《くうや》(九〇三〜九七二)です。やがて良忍《りょうにん》(一〇七二〜一一三二)が融通念仏宗《ゆうずうねんぶつしゅう》を開きました。一人で念仏を称えるより、多くの人が称えて、お互いに融通し合って往生の機会を得ようというのです。

このように、阿弥陀如来の慈悲にすがって念仏することにより、往生できるという念仏信仰は、末法の世におびえる人々の心をつかみ、広く深く信仰されるようになりました。

いよいよ時代は、鎌倉時代へと移ります。平安時代の末期から鎌倉時代にかけて、天変地異や疫病《えきびょう》が流行し、人々は不安におののいていました。一方、平氏と源氏の抗争の結果、源頼朝《みなもとのよりとも》が鎌倉の武家政治を確立します。

このような社会の激変は、仏教界にも影響を及ぼしました。ことに末法思想によって無常観が高まり、それをさまざまな立場から救済しようとする仏教思想が生まれました。そしてやがて、一般民衆の支援を得て、新しい宗派が次々と確立されていくのです。

平安時代に最澄《さいちょう》が開いた比叡山延暦寺《ひえいざんえんりゃくじ》で、多くの僧侶たちが天台教学を学び、そして下山して、それぞれ独自の境地を開いていきます。これが鎌倉仏教の始まりであります。

6

鎌倉仏教の祖師たち

鎌倉時代になり、まず末法の世からの救いの道筋を説いたのが法然《ほうねん》(一一三三〜一二一二)です。法然は『選択本願念仏集《せんちゃくほんがんねんぶつしゅう》』を著して、念仏を称《とな》えれば誰でも往生《おうじょう》できると説きました。修行や戒律がなくても誰でもが行ないやすい易行《いぎょう》(禅宗など自力《じりき》修行の難行《なんぎょう》に対するもの)の専修念仏《せんじゅねんぶつ》をうちたてたのです。これが法然の浄土宗です。このように万人に救いの道が開かれた点で、この易行は、日本仏教史上、画期的なことでした。

さらに法然の弟子である親鸞《しんらん》(一一七三〜一二六二)は、専修念仏を受け継ぎ徹底させていきます。そして、親鸞は、念仏を称えるという行ないよりも、阿弥陀如来の誓願(本願)を信じるという「信」が往生の正因《しょういん》であるとしました。そして浄土真宗《じょうどしんしゅう》を開きました。

次いで一遍《いっぺん》(一二三九〜一二八九)は、各地を念仏を称えながら遊行《ゆぎょう》し、念仏結縁《けちえん》の札《ふだ》(賦算札《ふさんふだ》)を配ったり、踊り念仏を興行します。そのため民衆の支持を得て、時宗《じしゅう》を開きました。

また一方、禅の思想も広まりました。これもこの時代の特徴です。禅は、言葉を離れ、心から心に伝え、坐禅によって自分の心を見つめ、その体験によって悟りの境地を開くというものであります。したがって特に死生観に直面している武士の間で盛んに受け入れられました。

ところで、中国の臨済禅《りんざいぜん》を伝えたのが栄西《えいさい》（一一四一～一二一五）です。栄西は、禅を新しい宗派として確立しようとしましたが、比叡山などの旧仏教から強い反発を受けました。そこで栄西は、鎌倉幕府の保護を得て、やがて京都に建仁寺《けんにんじ》を建てて臨済宗を開きます。

また道元《どうげん》（一二〇〇～一二五三）は、中国で曹洞禅《そうとうぜん》を体得し、曹洞宗を開きました。このときもやはり、旧仏教からの弾圧を受けます。そこで道元は、これらを避けるため、山間に道場を求め、福井の山奥に永平寺《えいへいじ》を建てたのです。

そしてさらに、鎌倉時代の中期になって日蓮《にちれん》（一二二二～一二八二）が現われます。日蓮は、「法華経《ほけきょう》」を根本経典として、末法の時代の人々は、この「法華経」を信じ、そしてその教えを実践することこそが真実の救いの道だと説きました。そして日蓮宗を開きます。しかし、日蓮は、「法華経」以外の教えをすべて排斥したので、幕府や他宗派からの強い反発をかい、たびたび法難を受けました。

このように、鎌倉時代には、次々に新しい宗派が生まれました。そしてこの時代の特徴は、武士階級の台頭と仏教の民衆化でした。

7

江戸幕府の仏教統制

日本仏教十三宗のうち十二宗までが、鎌倉時代までに確立されました。以来、南北朝時代・室町時代・桃山時代へと時代は移り変わりましたが、この間、新しい宗派の確立はありませんでした。

やがて長い戦国時代に終止符がうたれ、江戸時代となります。江戸幕府は、まず幕府の盤石《ばんじゃく》な基盤をつくるために、大名をはじめ、寺院や神社に対して統制を加えました。

特に民衆に深い影響を与える仏教寺院には「寺院諸法度《じいんしょはっと》」を定め、厳しい統制をはかりました。そしてさらに「本末《ほんまつ》制度」を設けました。これは各宗に寺格《じかく》や僧階《そうかい》を定めさせ、本山《ほんざん》に末寺《まつじ》を管理させ、本山と末寺との関係を統制しようというものです。なおその上、本山を幕府の管理下におき、本山を統制することによって全国の末寺を統制するという徹底した支配体制をつくりました。

このように寺院は統制されましたが、その他の民衆の信仰については、なかなか思うように統制はできません。特にキリスト教に対して幕府は、しばしば禁止令を出しますが、うまくいかず、とうとう徹底した弾圧をはかりました。その結果、鎖国するまでになったのです。

さらに仏教に関しては、このとき「檀家制度《だんかせいど》」ができ、宗門人別帳《しゅうもんにんべつちょう》もつくられました。これはキリシタンでないことを明らかにするための仕組みです。これによってキリスト教は弾圧できましたが、仏教寺院は幕府の管理のもとで伝統的な権威は保たれましたものの、積極的な寺院活動は封じられて形骸化《けいがいか》してしまいました。

一方、鎖国をしたために、外国との交流は一部の国だけに限られ、外国文化を取り入れることが少なくなり、そのため仏教は沈滞し形式化して多くの弊害《へいがい》も生じてきました。

そこで心ある仏教者たちによって、なんとか新鮮な空気を取り入れ、活気を取り戻そうという動きが出てまいりました。九州の長崎には、すでに多くの中国人が居留し、華僑《かきょう》によって中国人の寺院が建立されていました。このようなときに、中国から臨済宗の高僧である隠元《いんげん》（一五九二～一六七三）が招請《しょうせい》されて来日したのです。

当時の日本仏教は形骸化していましたので、隠元の来日は、新風を起こすものとして大いに歓迎されました。一六五四年のこと、これが後の黄檗宗《おうばくしゅう》の確立につながるのです。

8

明治の廃仏毀釈《はいぶつきしゃく》

江戸幕府は、「寺院諸法度《じいんしょはっと》」や「本末制度《ほんまつ》」さらには「檀家制度」を通して個人の信仰にまで統制を行なったのです。しかし、約二百七十年も続いた江戸幕府でしたが、やがて尊皇《そんのう》思想をかかげる倒幕運動によって崩壊することになりました。

この明治維新の原動力となったのが、尊皇思想をささえた国家神道《こっかしんとう》でした。つまり天皇を神の祭主とする古代の神道を復活させて、天皇親政による祭政一致の政治を行なおうとするものであります。

そのため明治元年三月には、祭政一致の制度を復活し、全国の神社を神祇官《じんぎかん》に所属させることが布告され、神仏分離令が出されました。この神仏分離令は、平安時代以来、神仏習合していた神道と仏教を分離して、神社を寺院から独立させるものでした。

この神仏分離の政策は、たちまち全国各地に廃仏毀釈《はいぶつきしゃく》の運動をまき起こします。これによって神社における仏堂や仏像・仏具などは破壊され除去されました。また寺院の統廃合も断行されました。この廃仏毀釈によって寺院は急に荒廃することになります。

しかしこれに対して仏教者や民衆のあいだに、この廃仏毀釈に反対する気運や信仰の自由を主張する気運が高まってきました。そこで政府は、とうとう明治五年に教部省を設置して宗教に対する政策を転換することになり、廃仏毀釈は終わりをつげたのです。

このとき、政府は教部省を通じて僧侶の肉食《にくじき》・妻帯《さいたい》・蓄髪《ちくはつ》を許可し、さらに尼僧《にそう》の蓄髪・肉食・婚姻・帰俗も認めました。これは江戸時代に禁止されていたものでしたが、信仰の自由のもと国家的な寺院統制を転換することになったのです。

また一方、明治五年には寺院住職を統括するために、各宗毎に管長をおき統理させました。そしてこのとき曹洞宗と臨済宗（黄檗を含む）を禅宗という名のもとに合同させ、管長をおいて統括させます。しかし、これも長く続かず、いったん合同したものの明治七年二月には、もとの曹洞宗と臨済宗の二宗に分離しました。

さらに、今まで臨済宗に所属していた黄檗派は、明治九年二月に分離独立して黄檗宗を名のるようになりました。黄檗宗の確立のきっかけは、隠元の来日に始まりますが、正式に宗名を名のるようになったのは、このときからです。かくて日本仏教は十三宗となったのです。

9

十三宗の確立

これまで、日本仏教の移り変わりについて、その流れを見てきました。日本に仏教が伝えられた西暦五三八年より一八七六年（明治九年）までの千三百三十八年間に、日本仏教の十三宗すべてが確立しました。

そしてさらに、今日に至るまでに次のように一五七もの数多くの宗派に分かれました。

①【奈良仏教系（六）】律宗、真言律宗、法相宗《ほっそうしゅう》、聖徳宗《しょうとくしゅう》、不動宗、華厳宗《けごんしゅう》。

②【天台系（二十）】天台宗、天台寺門宗《てんだいじもんしゅう》、天台眞盛宗《てんだいしんぜいしゅう》、本山修験宗《ほんざんしゅげんしゅう》、金峯山修験本宗《きんぷせんしゅげんほんしゅう》、和《わ》宗《しゅう》、妙見宗《みょうけんしゅう》、念法眞教《ねんぽうしんきょう》、鞍馬弘教《くらまこうきょう》、孝道教団《こうどうきょうだん》ほか。

③【真言系（四十六）】高野山真言宗《こうやさんしんごんしゅう》、真言宗醍醐派《だいごは》、真言宗東寺派《とうじは》、東寺真言宗《とうじしんごんしゅう》、真言宗泉涌寺派《せんにゅうじは》、真言宗山階派《やましなは》、真言宗御室派《おむろは》、真言宗大覚寺派、真言宗善通寺派、真言宗智《ち》山派《さんは》、真言宗豊山派《ぶざんは》、新義真言宗《しんぎしんごんしゅう》、真言宗犬鳴派《いぬなきは》、中山身語正宗《なかやましんごしょうしゅう》、解脱会《げだつかい》、真如苑《しんにょえん》、卍《まんじ》教団《きょうだん》ほか。

④【浄土系（二十二）】浄土宗、浄土宗西山深草派《せいざんふかくさは》、浄土宗禅林寺派、西山浄土宗《せいざんじょうどしゅう》ほか。

浄土真宗本願寺派、真宗大谷派、真宗高田派、真宗興正派《こうしょうは》、真宗仏光寺派《ぶっこうじは》、真宗三門徒派《さんもんとは》、真宗出雲路派《いずもじは》、真宗山元派《やまもとは》、真宗誠照寺派《じょうしょうじは》ほか。

時宗《じしゅう》。融通念仏宗《ゆうずうねんぶつしゅう》。

⑤【禅系（二十二）】臨済宗妙心寺派、臨済宗建長寺派、臨済宗円覚寺派、臨済宗南禅寺派、

臨済宗方広寺派、臨済宗永源寺派《えいげんじは》、臨済宗佛通寺派《ぶっつうじは》、臨済宗東福寺派、臨済宗相国寺派《しょうこくじは》、

臨済宗建仁寺派《けんにんじは》、臨済宗天龍寺派、臨済宗向嶽寺派、臨済宗大徳寺派、臨済宗國泰寺派、

臨済宗興聖寺派《こうしょうじは》。

曹洞宗《そうとうしゅう》。黄檗宗《おうばくしゅう》。一畑薬師教団《いちばたやくしきょうだん》ほか。

⑥【日蓮系（三十八）】

日蓮宗、顕本法華宗《けんぽんほっけしゅう》、法華宗《ほっけしゅう》、日蓮本宗《にちれんほんしゅう》、日蓮正宗《にちれんしょうしゅう》、本門佛立宗《ほんもんぶつりゅうしゅう》、霊友会《れいゆうかい》、立正佼成会《りっしょうこうせいかい》ほか。

⑦【その他（三）】福田海《ふくでんかい》、正法事門法華宗《しょうほうじもんほっけしゅう》、辯天宗《べんてんしゅう》。

以上、平成十五年版、文化庁編『宗教年鑑』（文部科学大臣所轄包括宗教法人一覧）にもとづきました。これが日本仏教の現状です。

では、なぜ、このように多くの宗派ができたのでしょうか。次にそれを考えてみます。

10

宗派が分かれた理由

日本仏教は、なぜ多くの宗派に分かれたのでしょうか。それについて少し考えてみましょう。次のような理由が考えられます。

一〈成仏《じょうぶつ》についての考え方の違い〉　成仏とは、仏になることです。仏になるということは、悟りの状態に到着するということです。このことについて、次の三つの考え方があります。

①歴劫成仏《りゃくこうじょうぶつ》とか三劫成仏《さんこうじょうぶつ》などと呼ばれるもので、長い期間、輪廻転生《りんねてんしょう》を繰り返し、修行を積み重ねることによって、やがて仏になるという考え方。

②即身成仏《そくしんじょうぶつ》と呼ばれるもので、父母から生まれてきた身体はそのままで、この世にいる間に仏になることができるという考え方。

③往生成仏と呼ばれるもので、仏の国土、つまり浄土にまず往生し、そこで仏になることを期待しようという考え方。

このような三つの考え方の違いによっても宗派が分かれるのです。

二〈教えや修行法の違い〉　仏教には、八万四千の法門があるといわれるように多くの教えがあります。その教えの中からどの教えをもとにするか、また、それにともなう修行をどのようにするかによっても違ってきます。

三〈経《きょう》・律《りつ》・論《ろん》のうち、どれを中心にするかの違い〉　仏教には、大蔵経《だいぞうきょう》とか一切経《いっさいきょう》とかいわれる膨大な経典があります。その経典は、経・律・論の三つに分かれており、そのうち、どれを中心にするかによっても違ってきます。

四〈戒《かい》・定《じょう》・慧《え》のうち、どれを中心にするかの違い〉　戒・定・慧は、三学《さんがく》といわれるものですが、このうち、どれを中心におくかによっても違ってくるのです。

五〈本尊仏《ほんぞんぶつ》の違い〉　どの仏さまを本尊とするかによっても違ってきます。たとえば、釈迦牟《しゃかむ》尼仏《にぶつ》か阿弥陀如来か、大日如来か、などのようにです。

以上のような理由が考えられます。仏教は応病与薬《おうびょうよやく》とか、対機説法《たいきせっぽう》だとかいわれます。応病与薬は、病気の種類によって薬を与えるということです。また、対機説法は、相手の能力や環境に応じて、別々の教えを説くということであります。

このような立場や方法の違いから、また、一人ひとりに最も適した教えを説くために、多くの宗派に分かれたものと考えられます。

第二章

日本仏教十三宗の教えと特色

1 法《ほっ》相《そう》宗《しゅう》

まず、最も古く、奈良仏教の一つである法相宗について見てみましょう。

法相宗とは、あまり聞きなれない宗派ですが、奈良の薬師寺や興福寺といえば、よくご存知のことでしょう。この薬師寺や興福寺は法相宗の本山なのです。

さて、この法相宗の名は、存在する一切のもの（法）のありのままの真実の姿（相）を分析・研究することをねらいとする宗旨であるところからきています。

この法相宗は、『西遊記《さいゆうき》』の三蔵法師《さんぞうほうし》の名で知られる玄奘《げんじょう》（写真）を始祖とし、慈恩大師《じおんだいし》（窺《き》基《き》）を宗祖として唐代の中国で確立されました。この法相宗の教えを最初に日本に伝えたのは、日本の留学僧であった道昭《どうしょう》（六二九～七〇〇）です。道昭は、玄奘から直接、唯識《ゆいしき》思想を学び、帰国して後、元興寺《がんごうじ》を中心に教えを広めましたので、日本法相宗の宗祖は道昭だといわれます。

法相宗は、この唯識思想を教義の根本としています。では、この唯識思想とは、どんな教えなのでしょうか。

唯識とは、ただ識《しき》（心）ばかりという意味です。私たちは、すべてのものを認識するとき、眼《げん》耳鼻舌身《にびぜっしん》の五官《ごかん》を通しています。したがって対象物のすべては、心の外にあるものと考えています。しかし、唯識では、心の内にあると考えるのです。

たとえば、同じ景色を見ても、人によってその感じ方、見方は違います。また、すばらしい芸術品を見ても、その価値のわからない人には、猫に小判でしょう。このように、その人の経験や知識、心によって認識する世界が違ってくるのです。

そこで、人間の五官や六官を通して認識する奥に、末那識《まなしき》（自我意識）や阿頼耶識《あらやしき》（経験を蓄積して個性を形成し、またすべての心的活動の依りどころとなる）という深層の心の働きがあるのだと説くのが唯識思想です。

この唯識思想も仏になる教えです。時間をかけ、聞法し、理解しながらいろいろな修行を通して成仏するのです。どこまでも人間の努力で自己変革をしていくことを強調するのが、法相宗であります。

ちなみに、法相宗は、通仏教《つうぶっきょう》で、一つの行にのみ専念はしません。また境内には墓地もなく、葬儀も行ないません。そして特定の檀家組織もないということです。

2 華《け》厳《ごん》宗《しゅう》

十三宗の第二は、華厳宗です。この華厳宗も奈良仏教の一つで、本山は世界一大きな大仏で有名な東大寺です。

華厳宗の名は、「華厳経」という経典にもとづいています。ところでこの華厳宗は、中国の唐代の僧である杜順《とじゅん》に始まり、法蔵によって大成され、日本には、七三六年、唐僧の道璿《どうせん》によって「華厳経」関係の典籍が伝えられたのが最初です。次いで、七四〇年、新羅《しらぎ》の僧、審祥《しんじょう》（？～七四二）が東大寺の三月堂（金鐘《こんしゅ》道場）で「華厳経」を講じました。そのため審祥が日本の華厳宗の始祖であります。この審祥から華厳教学を学んだ良弁《ろうべん》（六八九～七七三、写真）は、日本の華厳宗の確立に尽くしました。良弁は、はじめ義淵《ぎえん》から法相《ほっそう》教学を学びましたが、さらに「華厳経」の奥義を究め、後に日本華厳宗の宗祖と呼ばれるようになりました。

さて、華厳宗の教えとは、どんなものでしょうか。それはもちろん、「華厳経」が中心になっています。仏教の数ある経典の中で、この「華厳経」こそが最高で究極な経典であると考えるか

らです。そしてその思想を根本的な依りどころとしているのです。

この「華厳経」は、正しくは「大方広仏華厳経《だいほうこうぶつけごんきょう》」といいます。そしてこの大方広の仏とは、時間と空間を超えた仏のことです。一微塵《いちみじん》（きわめて小さいもの）の中に全世界が反映し、一瞬のうちに永遠の時間が含まれている、つまり「一の中に他の一切を包含《ほうがん》すると同時に、その一は他の一切の中に入る」という無尽縁起《むじんえんぎ》を根本理想としています。

たとえば、太陽の光がいくら交錯《こうさく》してもお互いにさまたげることのないように、万物がよく調和して存在しているという世界観がそれです。

この考えに立って、智慧と慈悲を太陽の光のように、すべての衆生に及ぼすとされる毘盧遮那《びるしゃな》仏《ぶつ》こそ宇宙の本源、真理そのものであり、すべての衆生を悟りに導く仏であると説くのです。この毘盧遮那仏とは、東大寺の大仏のことであります。

さらに、「華厳経」の入法界品《にゅうほっかいぼん》には、善財童子《ぜんざいどうじ》の求道物語が説かれています。善財童子は、次々に五十三人の先生をたずね、ひたすら仏道の真髄を究めようとするのです。ここでは、この経典の広大な意味が説かれています。

要するに華厳宗も学問仏教として奈良時代では栄えましたが、中世以後は衰え、今日、小宗派ながら面目を保っています。

3 律《りつ》宗《しゅう》

十三宗の第三は、律宗です。この律宗も奈良仏教の一つで、本山は唐招提寺《とうしょうだいじ》、宗祖は鑑真《がんじん》（六八八〜七六三、写真）、本尊は盧舎那仏《るしゃなぶつ》です。

律宗の名の由来は、仏教関係の典籍を集大成したものに三蔵《さんぞう》（経蔵・律蔵・論蔵）がありますが、このうちの律蔵を中心とするところからこの名があります。律蔵とは、仏道を学ぶ者にとっての戒律が記されたものです。

ところでこの律宗は、中国の初唐の高僧である道宣《どうせん》によって大成され、日本には七五四年、鑑真によって伝えられました。

鑑真は、道宣の孫弟子にあたり、中国でも学徳のある高僧として名声がありました。当時、日本には正式な授戒《じゅかい》のできる師僧がいないため、その師を求めて栄叡《ようえい》、普照《ふしょう》の二人が中国に渡りました。そして鑑真にめぐりあい日本への渡航を要請したのです。鑑真も快く要請を受け入れたものの、暴風や海賊、中国側の妨害などで五回も渡航計画が失敗しました。その間に、栄叡や他の

弟子の一人も病いで亡くし、また鑑真自身も失明することになりました。

それでも初心をまげず、七五四年、六回目にしてとうとう来日することができたのです。鑑真六十七歳のときのことでした。十二年間という長い苦難の歳月をかけて来日し、仏教の正式な授戒の法を日本に伝えたのです。授戒とは、仏門に入るために、お釈迦さまの定められた戒律を授けることであります。

鑑真は、来日したその年に、東大寺に戒壇《かいだん》を設け、天皇をはじめ多くの人々に菩薩戒《ぼさつかい》を授けました。翌年には、大仏殿《だいぶつでん》の脇に戒壇院《かいだんいん》を設け、一人前の僧の資格を得た多くの僧を世におくり出します。次いで唐招提寺を創建し、戒律の根本道場としました。来日して十年、鑑真は、七十七歳の苦難の一生を終えましたが、彼の不屈の精神は、長く日本人の心に残っています。

さて、律宗の教えは、「四分律《しぶんりつ》」や「梵網経《ぼんもうきょう》」にもとづいています。特に律宗は、四分律蔵を中心として仏教を研究しようとした学派です。そして、出家者として守らなければならない戒律を行動（身）、表現（口）、精神（意）のすべてにわたって実践することが仏陀への道であると説くのです。ちなみに、仏教の戒律には、比丘《びく》（男性の出家者）には二百五十戒、比丘尼《びくに》（女性の出家者）には三百四十八戒、一般信者には五戒があり、日常生活のすべてにわたって厳重な戒律が定められています。

4 天《てん》台《だい》宗《しゅう》

十三宗の第四は、天台宗です。宗祖は伝教大師《でんぎょうだいし》最澄《さいちょう》（七六六～八二二、写真）であり、本山は比叡山《ひえいざん》の延暦寺《えんりゃくじ》です。

本尊は、根本的な本尊としては、釈迦如来《しゃかにょらい》とされていますが、全国の末寺では、阿弥陀如来や薬師如来・大日如来《だいにちにょらい》・観音菩薩・不動明王《ふどうみょうおう》・毘沙門天《びしゃもんてん》などがまつられていて一定していません。これは本仏である釈迦如来が姿を変えて出現したものとされているからです。

さて、この天台宗の名は、中国の天台宗に由来しています。中国の天台宗（円宗《えんしゅう》ともいわれる）は、隋《ずい》の時代、天台大師智顗《ちぎ》（五三八～五九七）によって開かれました。

智顗は、膨大な数の仏教の経典を時代別に分類したり、判別したりしました。これが五時八《ごじはっ》教《きょう》と呼ばれる教相判釈《きょうそうはんじゃく》であります。そして「法華経《ほけきょう》」を最高の真理を説く特別の経典として、このお経を中心に、理論面と実践面を合わせた教学体系を完成し、中国天台宗を確立しました。

ところで最澄は、八〇四年、還学生《げんがくしょう》（短期間の留学生）として入唐し、当時の中国天台宗の中

心地である天台山に行き、行満《ぎょうまん》から天台教学を学び、多くの天台宗典籍のほか、禅や密教に関する典籍まで授けられました。

その後一ヶ月ほど翛然《しゅくねん》について禅を学び、そして再び天台宗の道邃《どうずい》に教えを受け、大乗戒《だいじょうかい》を授けられました。さらに続いて越州へ赴き、約一ヶ月間、龍興寺の順暁《じゅんぎょう》から密教を伝授されます。

このように短期間のうちに天台宗の教えや禅・密教、そして大乗戒を受けたのでした。これを「円・密・禅・戒」の四種相承《ししゅそうじょう》、または四宗融合といいます。

これによって、日本の天台宗は、中国の天台宗とは異なり、総合仏教的な性格をもつことになりました。したがって日本天台宗は、日本仏教の母胎となり、やがて鎌倉時代には、浄土宗や禅宗、そして日蓮宗などが派生するもとになるのであります。

中国から帰国した最澄は、天台教学の普及に力を入れました。

なお、当時、中国で盛んになりつつあった真言密教は比叡山でも発達し、最澄の没後、天台宗は密教化していきます。これを台密《たいみつ》と呼びます。

要するに、天台宗は、総合仏教をめざし、「法華経」を根本経典として、すべての衆生が仏になることができると説く宗派なのです。

5 真《しん》言《ごん》宗《しゅう》

十三宗の第五は、真言宗です。宗祖は弘法大師《こうぼうだいし》空海《くうかい》（七七四～八三五、写真）、本山は真言宗には多宗派があるので、各派にあり、たとえば高野山真言宗は高野山金剛峯寺《こうやさんこんごうぶじ》、真言宗東寺《とうじ》派は東寺、真言宗豊山《ぶざん》派は長谷寺などとなっています。

本尊は大日如来《だいにちにょらい》で、末寺では各種の仏像がまつられていますが、本仏はやはり大日如来です。根本経典は「大日経《だいにちきょう》」と「金剛頂経《こんごうちょうきょう》」です。

空海は、八〇四年に留学僧として中国に渡り、長安《ちょうあん》の青竜寺《せいりゅうじ》で恵果《けいか》について密教を学びました。そして八〇六年に帰国しました。そして密教の理論と実践を統合した教理を立て、真言宗を開きます。真言宗の密教は東密《とうみつ》と呼ばれ、八〇九年に京都の高雄山寺《たかおさんじ》で真言密教の法燈《ほうとう》をかかげ、さらに八一六年に高野山に金剛峯寺を、八二三年には東寺を開創して密教の根本道場としました。

密教の名は、秘密仏教の略称であります。そして大乗仏教の一つでもあります。しかし、密教といえば加持祈祷《かじきとう》を連想し、その呪術的儀式のために、どこか秘密めいた神秘的な力があるかの

ように考えられています。ところが密教の教えは最高深遠な教えのため、その境地に達した者のみが理解できるので秘密とされてきました。

大乗仏教には、密教と顕教《けんぎょう》があり、密教は真実の仏である大日如来の教えであり、顕教は釈迦如来の教えであるとするところに違いがあります。

さて、密教にもとづく真言宗の教えでは、この大日如来と心身ともに一体になって修行を実践すれば、この身このまま仏になることができると説くのです。これが即身成仏《そくしんじょうぶつ》です。

また密教の修行者は、密教で示すところの戒律と密教以外の大乗仏教で示されている戒律をも実践しなければなりません。

そこで、真言宗では、大日如来と一体化するために、手に印《いん》を結び、口に真言《しんごん》や陀羅尼《だらに》（咒文）を唱え、心を大日如来や他の仏・菩薩・明王《みょうおう》などに凝《こ》らす三密《さんみつ》と呼ばれる行にはげむのです。この三密の行を実践することによって大日如来の加護が得られ、即身成仏して悟りを開くことができると説いています。

ちなみに真言とは、宇宙絶対の真理を表現したもので、つまり、大日如来の説法のことです。これを理解するために、まず私たちが仏になりきらねばならないのです。

要は、大日如来の加護を得て、仏として現世を生きていこうというのであります。

6

融《ゆう》通《ずう》念《ねん》仏《ぶつ》宗《しゅう》

十三宗の第六は、融通念仏宗です。宗祖は良忍《りょうにん》（一〇七二～一一三二、写真）で、本山は大阪の平野にある大念仏寺《だいねんぶつじ》です。

本尊は十一尊天得如来《てんとくにょらい》の画像で、良忍が阿弥陀如来から授かったといわれるものです。阿弥陀如来を中心に十体の菩薩がまわりを取り囲んでおり、地獄・餓鬼・畜生・修羅・人間・天上・声《しょう》聞《もん》・縁覚《えんがく》・菩薩《ぼさつ》・仏の十界が、一念の中に包含されていることを表わしています。

次に、融通念仏宗の名は、一人の念仏と多数人の念仏とが融通するということを説くところからきています。つまり、一人が称《とな》える念仏が、ともに称える人々の念仏に融け合い融通し合うとき、すべての人々の称える念仏は一つの念仏となって、衆生すべてが限りない功徳《くどく》を受け、浄土に生まれることができるというのであります。

依りどころとする主な経典は、「華厳経《けごんきょう》」と「法華経《ほけきょう》」、それに浄土三部経（「無量寿経」・「観無量寿経」・「阿弥陀経」）と「梵網経《ぼんもうきょう》」などです。

ところで融通念仏宗での修行は、一日百遍の念仏を称えることです。これは日課念仏といわれ

るもので、このほか早旦《そうたん》の念仏といって、朝、洗面のあと西の方を向いて「弥陀所伝《みだしょでん》　融通念仏億百万遍　決定往生《けつじょうおうじょう》」と称え、念仏を十称します。戒律については、「梵網経」の大乗円頓《だいじょうえんどん》戒《かい》を依りどころとして、信者にも伝授します。

　さて、宗祖である良忍は、十二歳で比叡山に登り出家し、東塔《とうとう》の堂僧として不断念仏と天台教学を修め、また密教も学びました。その後、比叡山を去り、京都の大原で独自の修行を始め、やがてこの地に来迎院を建て、念仏を勧めます。そして念仏三昧《ざんまい》中に「一人一切人《いちにんいっさいにん》　一切人一人一行一切行《いちぎょういっさいぎょう》　一切行一行」の偈《げ》を感受して、一人の念仏が一切の人の念仏と融通する融通念仏を称え、諸国を教化し、大阪の大念仏寺を根本道場としました。また声明《しょうみょう》も巧みで天台声明中興の祖といわれています。

　そこで融通念仏宗の教えは、他力往生《たりきおうじょう》といわれますが、これは自己の称《とな》える念仏の力と他の称える念仏の力と阿弥陀如来の願力との三者が相即融通《そうそくゆうずう》して、衆生に本来そなわっている仏性《ぶっしょう》が現われ出て、往生することです。また、この往生とは、一般には生前の念仏の功徳により、死後、極楽浄土に往き生まれることですが、融通念仏宗では、悟りを開いて仏になるということであります。

7 浄《じょう》土《ど》宗《しゅう》

十三宗の第七は、浄土宗です。この浄土宗は今から約八百年前に開かれ、宗祖は法然上人《ほうねんしょうにん》（一一三三～一二一二、写真）です。本山は京都の知恩院《ちおんいん》です。

本尊は阿弥陀如来ですが、脇に観音《かんのん》菩《ぼ》薩《さつ》と勢至《せいし》菩薩が安置された三尊《さんぞん》形式をとっています。依りどころとする主な経典は浄土三部経と呼ばれるもので、「無量寿経《むりょうじゅきょう》」と「観無量寿経《かんむりょうじゅきょう》」、それに「阿弥陀経」の三つであります。

さて、法然上人は、十三歳で比叡山に登り天台教学や戒律を学びました。さらに浄土教の経論についても研究を重ね、その結果、智慧第一の法然と呼ばれるようになりました。

法然は四十三歳のとき、中国の浄土教を大成した善導大師《ぜんどうだいし》の『観経疏《かんぎょうしょ》』を読み、次の一文に深く感動いたしました。それは、「一心に専《もっぱ》ら弥陀の名号《みょうごう》を念じて、行住坐臥《ぎょうじゅうざが》に時節の久近《くごん》を問わず、念々に捨てざるは、これを正定《しょうじょう》の業《ごう》と名づく、彼《か》の仏の願に順ずるが故に」であります。

つまり、『観経疏』では、ただ一心に「南無阿弥陀仏」を称《とな》えれば、それだけでまちがいなく

極楽浄土に往生できると説いているのです。

法然は、このことを求め続けてきましたが、ようやくこの『観経疏』の一文でもって悟りが開けたのでした。これは、すでに阿弥陀如来の側で用意されていることであって、修行も戒律も必要なく、ただ阿弥陀如来の名号を称えるだけで仏の本願に助けられて、浄土に往生ができるというものです。

これまで比叡山でも浄土信仰による念仏がありましたが、これは念仏によって煩悩を断つための行でありました。しかし、それでは念仏行のできない人にとっては往生ができず、救われないということになります。

そこで法然は、煩悩は煩悩のままに、悩める者は悩めるままに念仏すれば、仏はあまねく人々を救うと誓われているのですから、それを信じて、いわゆる「専修念仏《せんじゅねんぶつ》」こそ身分の上下、貧富の差、老若男女の区別をこえて、すべての人々が救われる道だと説きます。

要は、阿弥陀如来の、すべての人々を救うという誓いを深く信じ、「南無阿弥陀仏」と称えることによって、どんな愚かな罪深い者でも、その苦しみから救われ、明るくやすらかな毎日を送り、真実にして幸福な人生を全うし、死後、浄土に生まれることができると説くのが浄土宗の教えであります。

8

浄《じょう》土《ど》真《しん》宗《しゅう》

十三宗の第八は、浄土真宗です。

宗祖は親鸞《しんらん》聖人《しょうにん》（一一七三〜一二六二、写真）ですが、浄土真宗は十派に分かれており、それぞれに本山があります。たとえば、大谷派は東本願寺、本願寺派は西本願寺、仏光寺《ぶっこうじ》派は仏光寺というように。本尊は阿弥陀如来です。根本経典は浄土三部経（「無量寿経」・「観無量寿経」・「阿弥陀経」）です。

親鸞は、九歳で出家し、二十九歳まで比叡山で修行しましたが、求めるものが得られないので山をおり、京都の六角堂《ろっかくどう》に参籠《さんろう》しました。そして、これからは念仏者として生きていこうと、法然上人の弟子となり、専修念仏《せんじゅねんぶつ》運動に身を投じたのでありました。

しかし、当時は、旧仏教の圧力が強く、念仏はさかんに排撃されました。その結果、とうとう法然は四国へ、また親鸞は越後へ流されます。けれども親鸞は、四年間の流罪にも屈せず、念仏者として熱心に、各地で布教活動を行ないました。さらに絶対他力の念仏往生の信仰を確立するために『教行信証《きょうぎょうしんしょう》』を著しました。

ところで浄土真宗の教えを要約すると、次の五つになります。

第一は、在家《ざいけ》仏教です。このことは聖徳太子の『勝鬘経義疏《しょうまんぎょうぎしょ》』に「日々の生活がそのまま仏道である」と示されていますが、親鸞によって、初めて具体化されました。

第二は、他力本願《たりきほんがん》です。これはいかなる者も、もれなく救うという阿弥陀如来の本願です。

第三は、信心正因《しんじんしょういん》です。これは、仏になるために、阿弥陀如来がすべての徳を施して下さるのだから、私たちは、その阿弥陀如来の本願をただ信受するだけでよい。それが浄土往生への正因となるからです。

第四は、現生不退《げんしょうふたい》です。以上のような信心が確定しますと、この世において、つまり、生きながら如来と等しい徳をいただくことができるといいます。

第五は、迷信排除です。親鸞は、占いを信じたり、自分の禍《わざわ》いを除き、幸福を神仏に依頼するようなことは、人間の正しい生き方ではないとして、さまざまな迷信を排除されました。

要するに、浄土真宗では、阿弥陀如来の救いによる浄土往生を信じ、阿弥陀如来の深い恩に感謝し、その恩に報いるために報恩感謝の念仏を称え、日々を生きることの大切さを説くのであります。

9

時《じ》宗《しゅう》

十三宗の第九は、時宗です。宗祖は一遍上人《いっぺんしょうにん》（一二三九～一二八九、写真）で、本山は神奈川県藤沢にある清浄光寺《しょうじょうこうじ》（遊行寺《ゆぎょうじ》）です。本尊は他の浄土教と同じ阿弥陀如来です。しかし、一遍は、それを身近に具体化したものとして「南無阿弥陀仏」という名号《みょうごう》を本尊とするよう信徒に教えています。

そして根本経典は、やはり浄土三部経（「無量寿経」・「観無量寿経」・「阿弥陀経」）ですが、特に「阿弥陀経」が中心です。

また時宗は、遊行宗とも呼ばれますが、これは、一遍が念仏を称えながら全国を遊行行脚《ゆぎょうあんぎゃ》したからです。さらに一遍は、他力念仏をすべての人々にすすめるために、「南無阿弥陀仏」と記した念仏の「名号符」を配りながら、全国を遊行して歩きました。信徒もともに集団をつくって、それに従ったので、この信徒を「時衆《じしゅう》（宗）」といいました。それが後に宗派の名前になったのです。

さて、宗祖である一遍上人は、十三歳で出家し、初め浄土宗西山派《せいざんは》の華台《けだい》について仏教の基礎

学を学び、さらに聖達について浄土教を学ぶこと十二年、そして熊野本宮で他力念仏の奥義を悟ったのであります。

その後、十六年間、念仏の札を配りながら全国各地を布教のために歩きました。

ところで、この一遍の考え方ですが、浄土真宗を開いた親鸞の「衆生が阿弥陀如来を信じたときに救われる」という考え方を、さらに一歩すすめたものです。つまり、それは、信仰の有無にかかわらず、南無阿弥陀仏という名号を称えることによって救われるというのです。

それとともに、鉦《しょう》や太鼓などを打ち鳴らし念仏を称えながら踊り歩いて宗教的法悦にひたるという踊り念仏をすすめました。

これは、もと空也《くうや》上人《しょうにん》が、鉢《はち》をたたきながら「南無阿弥陀仏」を称え、人々に念仏をすすめたのが起源だといわれていますが、それを一遍が受けついだということであります。それ以後、踊りを主体とする念仏踊りへと変化していきました。これは現在、各地で行なわれている盆踊りの源流です。

要するに、時宗の教えは、浄土他力の称名念仏《しょうみょうねんぶつ》で、阿弥陀仏の名号を口で称え、自らの心のはからいを捨て、名号と一体となるとき、初めて浄土への往生が約束されると説くのです。

10 臨《りん》済《ざい》宗《しゅう》

十三宗の第十は、臨済宗です。この臨済宗は中国で成立した禅宗の一派であり、開祖は唐代の高僧、臨済義玄《りんざいぎげん》です。日本には、栄西禅師《えいさいぜんじ》（一一四一〜一二一五、写真）によって中国の宋より伝えられました。

現在、日本の臨済宗は十五派に分かれていますが、ほとんどが鎌倉末期から室町期にかけて活躍された大応国師《だいおうこくし》・大燈国師《だいとうこくし》・関山慧玄《かんざんえげん》、いわゆる応燈関《おうとうかん》の流れをくむものです。

臨済宗の本山は、十五派それぞれにあります。たとえば妙心寺《みょうしんじ》派は妙心寺、建仁寺《けんにんじ》派は建仁寺というように十五の本山があり、またそれぞれにご開山《かいさん》がおられるのです。

本尊については、臨済宗に限らず禅宗では特定の本尊はありません。これは「人間は生まれながらにして仏性《ぶっしょう》をもち、本来みな清浄《しょうじょう》である」という、お釈迦さまの悟りの体験を自己の内に自覚することを重視しているからで、そのために本尊にはこだわらないのです。したがって釈迦如来やその寺の縁によって大日如来《だいにちにょらい》・観音菩薩《かんのんぼさつ》・文殊菩薩《もんじゅぼさつ》などをまつっています。そしてその脇に禅宗の初祖《しょそ》である達磨大師《だるまだいし》や開山、祖師などがまつられています。

また経典については、他の宗派のようにお釈迦さまの説かれた経典を依りどころとせず、お釈迦さまの悟りの体験を重視するため、特定の経典はありません。それは文字や言葉では表現しきれないからで、言葉や文字にとらわれないという達磨大師の不立文字《ふりゅうもんじ》・教外別伝《きょうげべつでん》・直指人心《じきしにんしん》・見性成仏《けんしょうじょうぶつ》という四言四句にもとづくからです。

しかし、慣習として、「金剛般若経《こんごうはんにゃきょう》」や「般若心経《はんにゃしんぎょう》」「観音経《かんのんきょう》」「大悲咒《だいひしゅ》」や、その他に「坐禅和讃《ざぜんわさん》」や「宗門安心章《しゅうもんあんじんしょう》」などが読まれます。さらに祖師方の語録もよく読まれます。

ところで、やがて江戸時代となり、白隠禅師《はくいんぜんじ》（一六八五〜一七六八）が出られて臨済宗は中興されました。

禅とは、坐禅を組んで精神統一をはかり、自己の本性《ほんしょう》を見徹《けんてつ》し、悟りを開くことを目的としています。しかし、その悟りの境地は、言葉では説明できるものではなく、師と弟子との間で心から心へと伝えられるもの、つまり、以心伝心《いしんでんしん》であります。

古来、禅僧には、その悟りの立場から発する奇妙な言動が禅問答としてのこされています。これらを修行者の公案《こうあん》（問題）として体系化をなしとげたのが白隠禅師なのです。

今日、日本の臨済宗のほとんどが、この白隠禅師の系譜に属しています。

11 曹《そう》洞《とう》宗《しゅう》

十三宗の第十一は、曹洞宗です。

この曹洞宗も、中国で成立した禅宗の一派です。この曹洞という宗名の由来は、中国唐代の禅僧、洞山《とうざん》とその弟子の曹山《そうざん》の頭文字をとって名づけられたといわれますが、別の説もあって定かではないようです。

さて、この曹洞宗を日本に伝えたのは、道元禅師《どうげんぜんじ》（一二〇〇～一二五三、写真）です。道元は十四歳で出家し、比叡山で天台教学を学びました。けれども飽き足らず山をおり、建仁寺《けんにんじ》で臨済宗の栄西《えいさい》禅師の高弟であった明全《みょうぜん》について禅を修めました。

さらに一二二三年、中国に渡り臨済禅を学びましたが満足せず、一二二五年、如浄《にょじょう》に出会って師事し、二年間の修行をへてその法を嗣《つ》ぎました。中国の曹洞禅を学んだ道元は、一二二七年に帰国し、京都の建仁寺に入って『普勧坐禅儀《ふかんざぜんぎ》』を著し、「坐禅こそ安楽《あんらく》の法門」であると説きました。

その後、一二三三年に興聖寺《こうしょうじ》を開創し、『弁道話《べんどうわ》』を著して「達磨禅」の真風と「曹洞禅」の真髄を宣揚しました。これが日本の曹洞宗の始まりです。

日本の曹洞宗の宗祖は、高祖《こうそ》と呼ばれる道元禅師と太祖《たいそ》と呼ばれる瑩山《けいざん》禅師（一二六八〜一三二五）の両祖となっています。これは、中国の曹洞宗を初めて日本に伝えたのが道元であり、日本の曹洞宗として宗派を確立したのが瑩山であるからです。

そのため、本山も道元の開いた永平寺《えいへいじ》と瑩山が開いた総持寺《そうじじ》の二つが曹洞宗の本山となっています。曹洞宗の本尊は、仏教がお釈迦さまの悟りが原点ですから釈迦牟尼仏《しゃかむにぶつ》が中心です。

そして、道元の著した『正法眼蔵《しょうぼうげんぞう》』を根本聖典として、他に明治二十三年に一般向けに編成された『修証義《しゅしょうぎ》』が親しまれています。

ところで道元の教えは「只管打坐《しかんたざ》」といわれ、ひたすら坐禅に打ちこむというものです。これは坐禅のときの心得であるとともに日常生活のすべてが禅の心に裏付けられたものでなければならないというのであります。また、曹洞宗の坐禅は「黙照禅《もくしょうぜん》」ともいわれ、坐禅をするときは、何も考えず黙々と坐禅するのみで、悟りすら求めないというものです。

曹洞宗では、坐禅するとき壁に向かって坐ります。臨済宗の坐禅とは少しその修行法において違いはありますが、お釈迦さまの教えを旨《むね》することには違いはありません。

12 日《にち》蓮《れん》宗《しゅう》

十三宗の第十二は、日蓮宗です。この日蓮宗は、鎌倉時代の建長五年（一二五三）に日本で初めて開宗されました。

宗名については、宗祖である日蓮聖人《にちれんしょうにん》（一二二二〜一二八二、写真）の名をそのままとっています。日蓮宗の総本山は身延山久遠寺《みのぶさんくおんじ》であり、本尊は釈迦像と大曼荼羅《だいまんだら》です。この大曼荼羅とは、日蓮が表わした「法華経」の世界で、中央に「南無妙法蓮華経」の七字が大書してあり、その回りに、釈尊や「法華経」に登場する仏・菩薩や守護の神々の名などを描いたものです。

根本経典は「法華経」ですが、その他、『開目鈔《かいもくしょう》』や『観心本尊抄《かんじんほんぞんしょう》』『立正安国論《りっしょうあんこくろん》』などの日蓮聖人の遺文《いぶん》を重要視しています。

日蓮は、十六歳のとき出家し、天台宗の道善房《どうぜんぼう》に教えを受けました。その後、十年間にわたり、鎌倉や比叡山、滋賀の園城寺《おんじょうじ》、奈良や高野山等において諸宗を研究しました。その結果、この末法の世には、お釈迦さまの教えの精髄である「法華経」の精神を弘めることが大切であると考え、日蓮宗を開いたのです。

日蓮は、生涯を通じて、「法華経」を口に読み、心に読み、身をもって読みました。つまり「法華経」に説かれている真実を身をもって実証し、身命を惜しまず、仏の世界をこの上に建設しようと努力したのです。

しかし当時（鎌倉時代）は、すでに天台宗や真言宗があり、さらに浄土宗や浄土真宗、それに臨済宗や曹洞宗など多くの宗派も確立されました。そこへ新たに日蓮宗が成立したのですから、自《おの》ずと各宗との対立も起こり、軋轢《あつれき》が生じました。

そこで日蓮は、あえて他宗攻撃のための四箇格言《しかかくげん》、つまり、念仏無間《ねんぶつむげん》・禅天魔《ぜんてんま》・真言亡国《しんごんぼうこく》・律《りつ》国賊《こくぞく》として他宗を批判しました。そのため、日蓮は捕えられ、島流しなどの刑を受け、流人生活を送ることになります。しかし、日蓮は、これらの法難に屈することなく、一層、熱心に「法華経」の信仰を弘めました。

日蓮宗の教えの特徴は、末法《まっぽう》の時代の人々を迷いから目覚めさせ、他のすべての人々にすすめて、平和な理想世界を実現することにあります。したがって本尊に向かい、この真理である南無妙法蓮華経（お題目《だいもく》）を信じ、口に唱え、自分が受け保つだけでなく、他の人々にもすすめることによって個人の悩みが解消し、そこに理想の社会、つまり仏の世界を実現するというのです。

要するに日蓮宗は、即身成仏《そくしんじょうぶつ》のために七字のお題目を唱えるのであります。

13
黄《おう》檗《ばく》宗《しゅう》

十三宗の第十三は、黄檗宗です。

黄檗宗は日本禅宗の一つですが、正式に黄檗宗と名のるようになったのは明治九年からです。

この黄檗宗は本来、中国で成立した臨済宗でしたが、江戸時代の初期、四代将軍家綱のとき、中国より来日した隠元禅師《いんげんぜんじ》（一五九二〜一六七三、写真）によって始まります。

隠元は、中国福建省にある黄檗山萬福寺《おうばくさんまんぷくじ》の住持でしたが、日本からの再三の要請により渡来されたのです。隠元は中国での臨済宗の高僧でした。わが国にはすでに鎌倉時代に栄西《えいさい》禅師によって臨済宗は伝えられていましたが、以来、三百年以上の年月が立ち、中国仏教もいろいろ変遷《へんせん》があり、新しい臨済宗としてわが国に受け入れられました。そこで当初は、臨済正宗《りんざいしょうしゅう》とも呼ばれていました。そして明治になって黄檗宗として一宗派を形成したのです。

さて宗祖は隠元禅師ですが、臨済正宗としては、やはり中国の臨済禅師です。本山は、京都の宇治にある黄檗山萬福寺です。この寺は、江戸幕府の尽力により建立されました。

本尊は釈迦牟尼仏ですが、末寺については、その寺の由縁によって各種の仏像がまつられています。経典としては、本来、所依《しょえ》の経典は立てませんが、日常は、「禅林課誦」や「観音経《かんのんきょう》」や「金剛経《こんぎょうきょう》」、「瑜伽焔口科範《ゆがえんこうかはん》」などがあります。このほか宗祖の『普照国師広録《ふしょうこくしこうろく》』など各種の語録があります。

ところで江戸時代は、対外的には鎖国が行なわれていましたので、外国との交流は限られていました。しかし国内的には平和でしたが、何かにつけ沈滞していました。この沈滞ムードを脱却するために、隠元が招かれたともいえます。隠元は、承応三年（一六五四）に来日し、三年後に帰国する予定でしたが、諸般の事情でそのまま日本に滞在することになり、生涯を日本で終えました。隠元の来日により、日本仏教はもちろん、文化やその他の面において多くの恩恵を受けました。

隠元禅師の教えは、隠元の語録をひもとくことによって明らかです。黄檗宗は禅宗ではありますが、禅のみに片寄らず、お釈迦さまの教えを忠実に生かし、衆生を教化しようというものです。

要は、黄檗宗は参禅によって仏心を究明し、唯心の浄土《ゆいしんじょうど》、己身《こしん》の弥陀《みだ》を体得し、禅と教えが一つであるという、すぐれた道理により転迷開悟《てんめいかいご》・安心立命《あんじんりゅうみょう》を期するのです。

14

極楽浄土のありか——唯心《ゆいしん》の浄土《じょうど》

前項の最後に出てきた「唯心の浄土」と「己身の弥陀」について、解説しておきます。

まず「唯心の浄土」とは、極楽浄土は心を離れて他にあるものでなく、自己の心中にあるものであるという考え方です。つまり、浄土は自分の心の中にあるという教えです。

浄土は、西方《さいほう》浄土や極楽浄土ともいわれ、苦しみのない平和な世界、また、きわめて安楽で心配のない世界であるといわれます。この浄土に対して、穢土《えど》があります。これは、けがれた不浄な国土のことで、煩悩にけがれ、苦悩に満ちた世界のことです。

つまり、浄土は仏のいる清らかな理想の世界であり、穢土は衆生凡夫《しゅじょうぼんぷ》の流転輪廻《るてんりんね》する迷いの世界のことです。また、単に、浄土は極楽の世界であり、穢土は地獄の世界であるともいえます。

私たちは、もちろん、浄土の世界を理想の世界として求めていると思います。また、そういう世界に生きることを心から願っているのではないでしょうか。

ところで大事なことは、この理想の世界を死後の世界として求めるか、今生きている現実の世界に求めるかです。また、どこかにそんな世界があるものと考えるか、自分自身の心の中にあると考えるかです。

外国の童話に、『青い鳥』というのがあります。チルチルとミチルという二人の兄妹があてもなく青い鳥を求めてさまよいますが、結局青い鳥はどこにもいなくて自分たちの心の中にいると気づくのです。

幸せを私たちは求めますが、いくら求めてもなかなか得られません。幸せはつくるものです。自分自身の心の持ち方で、心の中に描くものです。たとえば、善いことをすれば、気持のよいものです。悪いことをすれば、当然、気持は悪く、いやな思いをすることでしょう。

このように感ずるのは、私たちが生きている人間だからです。死後の極楽をいくら教えられても信ずることはできません。すべてこの世にあると考えたいですね。そして、常に心の中を心配のないように、苦しみ悩むことのないように心がけて暮らしたいものです。

この世は一期一会《いちごいちえ》です。私たちの一生はかけがえのないもの、日々是好日《にちにちこれこうにち》で生きることが、唯心の浄土の実現です。

15

阿弥陀仏はどこにいる――己身《こしん》の弥陀《みだ》

次に「己身の弥陀」ですが、己身とは、己れ自身のこと、つまり自分自身のことです。そして、弥陀とは、阿弥陀仏のことです。したがって、「己身の弥陀」とは、この自分自身の心の中に阿弥陀仏が存在するという考え方です。

一般に、阿弥陀仏のことをアミダさんと呼び、浄土教の教主とされています。この阿弥陀仏は、もとインドの王子さまで、過去世の世自在王仏《せじざいおうぶつ》の感化を受けて出家され、法蔵菩薩《ほうぞうぼさつ》と呼ばれ、長年の修行の後に阿弥陀仏となられたということです。「阿弥陀」とは、古代インドの言葉で無量・無限を意味し、阿弥陀仏は、その光が無限で十方世界を照らすことから、無量光仏といわれ、寿命が無量であるところから無量寿仏ともいわれます。

今も西方はるかかなたにある極楽浄土で説法し続けていると説かれます。そして念仏を称《とな》える者を浄土に救い取り往生させるとし、これを弥陀の本願といいます。この考え方は、浄土教の方で説かれるのです。

ところが、この浄土教的な考え方のほかに、西方にあるとされる極楽浄土も、そこで説法される阿弥陀仏も、私たちの外にあるのではなく、ともに自己の心の中に存在するという考え方があります。一切のものは自己の心より現われたものとする考え方です。天台宗や華厳宗・禅宗などで主張される説です。先の浄土を凡夫の心の外にあるとみる浄土教の説と対立するわけです。

同じ仏教であっても、宗派によっては、このように考え方の違いがあるのです。

仏教とは、仏になる宗教です。仏とは、悟りを開いた人間のことです。悟りとは、この世の真実、真理のことで、これに目覚めた者が仏です。

私たちは、えてして死後のことを考えがちですが、死後のことは、生きている人間から見れば、全くわからない世界のことであります。いくら死後の極楽浄土を説かれても、そのまま信ずることはできないでしょう。私たちは、現実に生きているのですから、生きている今の生き方を真剣に考えるべきです。私たちの心の持ち方によって、この世において極楽を現出することができます。人間は本来、仏心・仏性《ぶっしょう》を持っているのですから、仏になることができるのです。

仏とは、言い換えれば、善《よ》い行ないのできる人のことです。よくないことは一切やめ、もっぱら世のため、人のために善行を積む人のことです。絶対者としての神とは違います。要するに、己身の弥陀とは、自分自身が仏であると自覚することであります。

16

日本仏教はこれでよいのか〈1〉

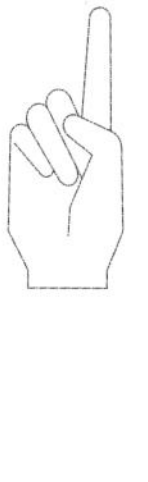

これまで日本仏教十三宗の各宗派についてその教えと特徴を概観してきましたので、およそどのようなものか、さらにこの十三宗が一五七派に分かれていることや、またなぜこのようになったのかということについても、おわかりいただけたものと思います。

そこで次には、これらをもとに日本仏教はこれでよいのかということについて考えてみたいと思います。

十三宗の宗派には、それぞれ宗祖がおられ、本山があり、依りどころとする経典があり、その教えを教化するために、いろいろな方便が工夫され実践されてきました。また本山を中心に末寺とともに多くの檀信徒ともつながっています。

このように日本仏教は、宗派仏教としての体裁も整い、この現状を見る限り、日本仏教はすばらしい宗教であります。しかし現実の日本仏教の実態はどうでしょうか。各宗派とも、宗祖の真剣な熱意と実践によって成立しましたから、宗派そのものは立派で、その優劣を問うべきではありません。

ところでお釈迦さまの説かれた仏教は、八万四千の法門があり、膨大なもので、その豊富な内容を持った教えをもとに、一般の人々に教化することは並大抵なことではできません。そして人々には、いろいろな対象がありますので一様にはまいりません。当然、一人一人にあった方便、方法が考えられなければなりません。これがいろいろな宗派を生む由縁なのでありましょう。

ところが、このように多くの宗派ができたものの、現実の日本人の宗教、特に仏教に対する考え方なり、日常の生活態度はどうでしょうか。残念ながら宗教音痴といわれるように、理解も実践も乏しく不十分です。にもかかわらず、いずれかの宗派にかかわりを持っていることは事実です。ですから、一応形の上では信者ではありますが、実質が伴わないということです。

また無宗教であることを平然として強調する人がいます。宗教をよく理解した上でのことでなく、なんとなく宗教にかかわりたくないというのが本音のようです。熱心な人もおられますが、なぜこのようになったのでしょう。

それにはいろいろな要因がありますが、一つには日本仏教が多くの宗派仏教になったからだといわれます。いかにもバラエティーに富んでいるようですが、本来の仏教精神が不明瞭になってしまったからでしょう。

17

日本仏教はこれでよいのか〈2〉

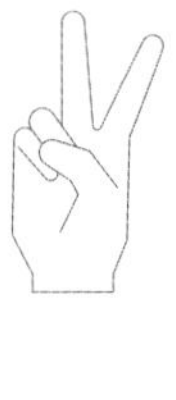

日本仏教が宗派仏教になったことで、日本人の仏教に対する考え方や生活態度に影響を与えました。それはどのようなことでしょうか。このことを考えるために、再度、日本仏教の移り変わりを振り返ってみましょう。

日本への仏教の伝来は、西暦五三八年で今から約千四百七十年前のことです。当時の仏教はまだ宗派などなく、氏神《うじがみ》として除災招福《じょさいしょうふく》を願うものでした。

次に聖徳太子は、仏教を学問としてだけでなく、仏教の基本的な立場を政治の中に取り入れられました。奈良時代の仏教は鎮護国家《ちんごこっか》のための祈祷《きとう》仏教でした。平安時代になると、「法華経《ほけきょう》」にもとづく総合仏教として定着がはかられます。また一方では、密教を理論的、実践的に取り入れた新仏教も成立しました。

ところが末法思想が流行しだし、人々は不安におとし入れられます。そしてその上、神仏習合の思想も始まり、これは明治維新の初めまで続くことになりました。

平安末期から鎌倉時代にかけて、浄土思想や禅の思想も広まりました。さらに「法華経」を根本経典とするなどいろいろな宗派が生まれます。特に鎌倉時代には、浄土系・禅宗系・日蓮系など七宗派ができました。

江戸時代になって戦国時代は終わりましたが、幕府は、寺院諸法度《じいんしょはっと》や本末制度・檀家制度などをつくり、厳しく統制を行なったのです。そのために日本仏教は各宗派とも沈滞することになりました。そこで中国より隠元《いんげん》禅師が招来され、大きな警鐘を鳴らされたのであります。

そして明治時代になり、廃仏毀釈《はいぶつきしゃく》・神仏分離、さらに各宗派の統合、引き続いて分離独立という大波乱があって今日に至っています。

このように日本仏教は、時代とともに次々と姿を変えてきました。その結果、現在のように十三宗一五七派の宗派仏教になってしまったのです。以上が移り変わりの概略です。

いよいよ本題に入りますが、こんなにも多岐になった宗派仏教を本来の仏教といえるのでしょうか。外見上は、全く別の宗教のようです。しかし仏教に違いはありません。それぞれ一宗派を形成している以上、当然、自宗派の興隆を願わないわけにはいきません。

問題はここです。あえて我田引水、自己主張をせざるを得ません。ために宗派間に軋轢《あつれき》が生じ、これが一番懸念されるところです。

18

日本仏教はこれでよいのか〈3〉

現在の日本の宗派仏教は、どちらかといえば僧侶中心の、僧侶のための宗派仏教であるといえましょう。各宗派を強調するあまり、肝心の檀信徒や信者に対する布教教化が、なおざりにされてはいないでしょうか。

宗派仏教である以上、自宗派の興隆をはかり維持管理をするのは当然のことでしょう。しかし、宗教は大衆のためにあるのであって、宗派のためにあるのではないと思います。それが証拠に、お釈迦さまの時代には宗派などありませんでした。その後、時代の流れとともに派生してきたのです。

大衆を離れた大乗仏教はありません。このことは宗門人として大いに考え直さねばならないことでしょう。今さら、宗派の統廃合などできるものではありませんが、今後どうあるべきかを真剣に考えていかねばならないと思います。

そこでこの問題につき、少し考えてみましょう。僧侶や寺院のことはさておき、まず、私たち檀信徒や信者、大衆一般の実態についてどのような状態なのか振り返ってみます。

日本人は、よく宗教音痴といわれるように宗教に対する知識や理解、それに実践活動も非常に乏しいです。しかし、宗教に関する行事や環境には、宗教心のあるなしにかかわらず、多くの人々がかかわっています。

たとえば、いろいろなお祭りには参加します。特に初詣でなどには多くの人が出かけます。お守りやお札なども買ったり持ったりしていますし、その他、厄除《やくよ》けや、現世利益に対しての祈願などにはかなり熱心であります。神社であれ、お寺であれ、教会であれ、いろいろなところに自由に出入りします。このように例を挙げれば限りがありません。

日本人は、本来、多神教なのでしょうか、宗教に対して寛大な心を持っているからでしょうか。ところが、それにもかかわらず、私は無宗教だと言う人があります。しかし、現実は、何らかの宗教にかかわっているわけですが、ここでいわれる無宗教とは、特定の宗派の信者ではない、つまり入信して特定の宗派に所属していないということでありましょう。

実際のところ、日本人の場合、宗教にかかわらずして、特に仏教にかかわらずして日常生活ができないほど、仏教が浸透しています。たとえば、日常使う言葉や風俗習慣なども仏教に関係のあることが非常に多いのですが、私たちは、ただこれに気づかないだけなのです。

19

日本仏教はこれでよいのか〈4〉

日本の宗派仏教は、すでに述べてきましたように、今さらどうすることもできませんが、せめて一般の人々は、正しい宗教心を持って、正しい信仰心に高めていってほしいものです。

現在、わが国には、いろいろな新興宗教がはびこり、旧来の伝統仏教とともに宗教界は非常に混迷しています。本来、宗教は、人々の心を癒すためのものですが、争いごとを起こしたり、不祥事の原因になったりしています。また人の恐怖心や追従心・依頼心をあおるかのような言動があるのは残念なことです。

これでよいのでしょうか。いずれ仏教といえども再生どころか崩壊の道をたどることになるでしょう。この時にあたり、事態を重視し、反省して、再生のための対策を講ずべきであります。

今や仏教は、日本人の生活に深く浸透し、儀式法要はもちろん、芸術文化など、日本のすべてにわたってかかわりを持っています。この実態をよく認識して、最もよい手だてを考えねばなりません。

ここで一番問題なのは、冒頭にも述べました人々の宗教心の欠除です。これほど仏教が日本人のすべてにわたり浸透し、かかわりがあるにもかかわらず、無宗教・無関心の人がいかに多いことか、驚くばかりです。

そこで今、一番なさねばならないことは、この宗教心の喚起《かんき》であります。しかも正しい宗教心です。えてして誤った宗教心に流れ易いのですが、それでなく正しい宗教心の喚起をはからねばなりません。

次の問題は、日本人は宗教音痴であるということです。これは、宗教に関しての知識も乏しく、実践もほとんど行なわれていないところからくる汚名《おめい》であります。そこでこのような汚名は返上いたしましょう。

そのために、仏教とはどんな宗教なのかと、しっかり勉強しましょう。本屋さんにはたくさんの仏教書が並んでいますが、果たしてどれだけの人が読み、理解し、実践しているでしょうか。疑わしい限りです。単なる知識として知っていても実践のないものは宗教ではありません。

しかし、まず学びましょう。仏教に関するいろいろなことを勉強していただいて、これが仏教であると知ることです。とにかく、仏教の教えの中身を知ることです。このことによって宗教音痴が返上できると思います。

第三章

主な仏さまと仏像

1
仏像とは

仏像は、ふつうお寺の本堂や仏壇《ぶつだん》の中にまつられています。釈迦如来像《しゃかにょらいぞう》や阿弥陀如来《あみだにょらい》像、それに観世音菩薩《かんぜおんぼさつ》像や地蔵菩薩《じぞうぼさつ》像などと、仏像にはたくさんの種類があります。

では、この仏像とは、一体何なのでしょうか。この仏像は宗派によってまつるものが違いますが、信仰の対象として拝まれています。

ところが、仏像を拝むことによって、自己の願いが実現できるかのように考えられ、現世利益《げんぜりやく》が祈り願われているようです。しかし、仏像とは、そのようなものなのでしょうか。偶像崇拝という言葉がありますが、仏教も仏像を拝みますから、偶像崇拝の宗教なのでしょうか。

仏教は、そもそもお釈迦さまが悟りを開き、仏となられた後、その悟りの中身を人々に説かれた教えですから、当時には仏像を拝むことなどなかったはずです。また、当時は、仏となられたお釈迦さまを限られた形に表わすことなど許されないとして、仏像を造らなかったようです。

しかし、このような宗教的な感情も、しだいに変化し、今から千八百年前ごろになってお釈迦さまを理想的な人間の姿として表現しようということになり、仏像が造られるようになったそうです。

つまり、仏像を造って拝むことは、その像を通して仏さまに対することができるということです。言い換えれば、家族と離れて暮らしている人が、よく家族の写真を机の上に飾ったり、また身につけたりしています。そして、その写真に語りかけたり、ときには食べ物などを供えたりしますす。そうすることによって、写真を通して離れている家族に話しかけ、出会っている気持になるのです。これと同じように、仏像を拝むことも、仏さまを刻んだ像を通して仏さまを拝んでいることになります。また、仏さまに出会い、仏さまより教えを受けている気持になるのでありますす。仏像はあくまで仮の姿ですが、仏教の理想の人間像であり、仏さま自身であるといえましょう。

したがって、仏像を単なる彫像として、また美術品として眺めるのは、誤りです。信仰の対象であり、常に仏の道を歩む者としての理想像であることを忘れてはなりません。仏像を拝むことによって、自己の生き方を反省し、懺悔し、告白し、誓いを新たに、少しでも理想像に近づくべく努力しなければならないのであります。

仏像は、そのためにあるのです。

2

釈《しゃ》迦《か》如《にょ》来《らい》

釈迦如来とは釈迦牟尼仏《しゃかむにぶつ》ともいわれ、お釈迦さまのことです。お釈迦さまは、今から約二千五百余年の昔にインドで仏教を開かれました。そして、真理の法を説くために各地で説法され、多くの人々を済度《さいど》されました。

そのため、後世になって、お釈迦さまの生涯中の八つの大きな出来事（八相《はっそう》）にもとづき多くの尊像が作られたのです。

そのお釈迦さまの八相とは、

①降兜率《ごうとそつ》―前生《ぜんしょう》のお釈迦さまが、兜率天《とそつてん》より白象に乗ってこの世に降りられた。その時、光明を放ち、大地が震動し、悪魔は姿をかくし、日月星辰《にちげつせいしん》も光を失い、天竜なども恐怖し、五瑞《ごずい》を示した。

②托胎《たくたい》（入胎）―摩耶夫人《まやぶにん》の右脇から入って宿られた。

③出胎《しゅったい》（誕生）―四月八日に降誕《ごうたん》。摩耶夫人の右脇から生まれ出て、七歩あゆみ、「天上天《てんじょうてん》下唯我独尊《げゆいがどくそん》」と宣言された。

④出家《しゅっけ》―無常を観じて、修行のため、白馬に乗り、従者を従えて王宮より脱出される。
⑤降魔《ごうま》―六年の苦行の後、菩提樹下《ぼだいじゅげ》で正覚《しょうがく》に達せられるのを知った悪魔があらゆる手段を尽くして邪魔をしたが、そうした誘惑や恐喝《きょうかつ》をすべて退散させられた。
⑥成道《じょうどう》―臘月《ろうげつ》（十二月）八日に悟りを開いて仏になられた。三十五歳で覚者となる。
⑦転法輪《てんぽうりん》―鹿野苑《ろくやおん》で五人の比丘《びく》（男性の出家者）に初めての説法をされ、以後、教化の時代が四十五年間も続く。この間、種々の波乱があって、決して静穏な生涯ではなかった。
⑧入滅《にゅうめつ》（入涅槃《にゅうねはん》）―八十歳でクシナガラ城外の沙羅双樹《しゃらそうじゅ》の下で、最後の説法を終わって亡くなられた。二月十五日と伝えられている。

以上が釈迦の八相です。これに因《ちな》んだお釈迦さまの尊像には、特に有名なものは、誕生仏《たんじょうぶつ》があります。右手を天に向け、左手を地に向けて立っているものです。また亡くなるときの姿を表わす身体を横たえた涅槃像《ねはんぞう》もよく見られます。

その他、菩提樹下で禅定《ぜんじょう》にふけっておられる樹下思惟像《じゅげしゆいぞう》、説法をされている姿を表わした説法像、さらに苦行像や降魔成道像《ごうまじょうどう》、出山像《しゅっさん》、金棺出現像《きんかんしゅつげん》などがあります。

一般には、右手を施無畏印《せむいいん》、左手を与願印《よがんいん》に結んだ像が多いですが、必ずしも一定はしていません。また、立像はもちろん、坐禅を組んだ姿で法界定印《ほっかいじょういん》を結んだ坐像も多くあります。

3

阿弥陀如来《あみだにょらい》

阿弥陀如来は、阿弥陀仏《あみだぶつ》・無量光仏《むりょうこうぶつ》・無量寿仏《むりょうじゅぶつ》・不可《ふか》思議光如来《しぎこうにょらい》・尽十方無碍光仏《じんじっぽうむげこうぶつ》などとも呼ばれています。

「阿弥陀」とは、古代インドの言葉をそのままうつしたもので、無量という意味です。阿弥陀の光明が無量で、十方の国を普《あまね》く照らすので無量光といい、阿弥陀仏の国（極楽浄土）の寿命も無量であるから無量寿といいます。つまり、阿弥陀仏とは、仏さまの智慧（光）や慈悲（寿）が限りなく人々に注がれていることを表わしています。

「無量寿経」という経典によると、阿弥陀仏は、かつてお釈迦さまと同じようにインドの王侯の太子でありました。後に国王となられましたが、その国王は世自在王仏《せじざいおうぶつ》の説法を聞き、感激され、自分も人々のために尽くしたいと考え、王位を捨てて出家されます。そして法蔵比丘《ほうぞうびく》と名のられました。

法蔵比丘は、世の人々の苦しみをなくすための方法を世自在王仏に尋ねられます。仏は彼のために二百十億というたくさんの仏の国々を説いて示されました。

法蔵比丘は、五劫《ごこう》という長い間考えて、これらの中からすぐれたものをより出し、一切の仏国土より、すぐれた浄土を建立したいという願いを起こされました。それがためには、人々の苦しみを救い、浄土に往生させることであると考えられました。

そして、限りがないほどの長い間、徳行を積み、西方十万億土《さいほうじゅうまんおくど》の彼方に安楽世界の極楽浄土を建立して、願い通り阿弥陀仏となられたのです。

そのために、法蔵比丘は、四十八願《しじゅうはちがん》を成就されましたが、その第十八願に「たとえ自分が仏になっても、人々が心から念じているのに浄土に生まれられないことがあれば、自分は仏にならないであろう。ただし、父母を殺すなどの五逆罪《ごぎゃくざい》を犯したり、正法《しょうほう》をないがしろにするものは除く」とありますように、この四十八願を信じて阿弥陀仏を念ずれば、必ず浄土に往生させて下さるというのです。このような教えを中心にしているのが浄土宗や浄土真宗であります。

ところが禅宗でも阿弥陀仏をまつることがありますが、この場合は、唯心《ゆいしん》の浄土、己《こ》身の弥陀（七二～七五頁参照）といって、我々の心しだいで浄土はどこにでも現われるものであり、自己自身が弥陀として完成すべきであると説きます。つまり、自分の心の中に浄土はあり、自分自身が仏であると自覚することであります。要するに理想の姿として阿弥陀仏があるのです。

4 薬師如来《やくしにょらい》

薬師如来は、薬師瑠璃光如来《やくしるりこうにょらい》・大医王仏《だいいおうぶつ》・薬師仏《やくしぶつ》ともいわれます。また、お薬師さまという愛称でも広く親しまれ尊崇されています。

人々の心身に災いするすべての苦悩を癒《いや》し、諸々の願いをかなえて下さる仏さまとして古くから民衆の篤い信仰を集めてきました。

この薬師如来のことは、「薬師如来本願経」という経典に説かれていますが、それによりますと、この世界より東の方、無数の仏の世界を超えたところに、浄瑠璃《じょうるり》という仏国土があって、そこに薬師瑠璃光如来という仏がおられます。その仏がまだ菩薩であったとき、十二の大願を起こされ、長い間の修行の結果、そのすべての願いをなし遂げられて仏となられました。そして今なお、その世界に住んでおられるといいます。そこは、極楽と同じようであり、日光《にっこう》・月光《がっこう》の二人の菩薩がおられて、常にこの薬師如来の教えを保つべく精進されておられるということです。

薬師如来の十二の大願のうち、その第六に「顔がみにくかったり、五体が満足でなかったり、気が変になっている者には、みんな身体を立派にし、その苦しみを除いてやろう」とあり、第七

に「病いが身に迫ってきても誰も助けてくれる者がいなかったり、食べる物も、医者も、薬も、家も、親もなく、ただ貧しくて耐えられないようなときでも、薬師の名を一度でも聞けば病いはなおり、身も心もやすらかになって家財も整い豊かな生活ができるようにしよう」とあります。

この第六願と第七願からお薬師さまは病いをなおし、願いごとをかなえて下さる身近な仏さまとして人々から親しまれるようになりました。

昔は、医者や薬は身近なものではありませんでしたから、病いにかかるということは、死ぬということに直接かかわってくる大変なことだったのです。そんなとき、病いをなおそうという願いを持った仏さまが現われたとしたら、人々はどんなに心強く思ったことでしょう。

日本に仏教が伝えられたときには、お釈迦さまの仏像が伝えられましたが、すぐその後にこの薬師如来像が伝えられ、その信仰が盛んになったようです。飛鳥時代以後に、わが国でも薬師如来像が多く造られました。そして、日光・月光菩薩を左右の脇仏とする薬師三尊《やくしさんぞん》があり、眷属《けんぞく》には護法神として十二神将がまつられています。また、左手に薬壺《やっこ》を持っておられるのが薬師如来の特徴です。

5

大《だい》日《にち》如《にょ》来《らい》

大日如来は、摩《ま》訶《か》毘《び》盧《る》遮《しゃ》那《な》とか遍照如来・光明遍照・大日遍照などとも呼ばれています。

大日如来は、宇宙のすべて、つまり、人間・自然・天地などのすべての本質を仏格化した仏さまとして考えられました。また、大日如来の智慧の光明は、昼夜の別ある日（太陽）の威力を、はるかに上まわることから、大の字を入れて大日と名づけられました。

そしてさらに、この大日如来からすべてのものが一つの真実なものとして現われているとも説かれます。つまり、釈迦如来も阿弥陀如来・薬師如来なども、すべてこの大日如来のはたらきを表わすためにある仏さまであって、その根本は大日如来であるとみるのであります。

ところが、すべてのものの本質であるという大日如来そのものを、色や形で表わすことはできません。人間には形や色がなくては、どうにもわからないので、一応仏さまの姿で表現されるようになったのです。

ところで、如来像は、釈迦如来をはじめ、阿弥陀如来や薬師如来なども、みんな衣をつけただけのお姿をなさっています。ただし、それぞれのはたらきの違いから、手や指の形（印相《いんぞう》）や持ちものなどが異なっていて、ほぼ区別がつきます。

ところが大日如来の場合は、特に他の如来像と違って、王者のように宝冠をつけ、髪は宝髻《ほうけい》に結び、胸には瓔珞《ようらく》を飾り、腕輪をつけて、一見、菩薩のような姿をしています。

次に、大日如来は二種あります。

その一つは、金剛界《こんごうかい》大日如来です。この如来は智拳印《ちけんいん》という印相を結んでいます。智拳印とは、右手の二、三、四、五指で左手の第二指を握り、右手の第一指は左手の第二指の頭をおさえる印のことです。つまり、忍者がする手つきです。

これは、大日如来の智慧がはたらき出して、すべてのものを断ち切る金剛石のように強いはたらきをするということを表現しているのです。

もう一つは、胎蔵界《たいぞうかい》大日如来です。この如来は法界定印《ほうかいじょういん》という印相を結んでいます。大日如来の法界定印というのは、坐禅をするときの両手に似た形。つまり、左掌の上に右掌を重ね（坐禅のときは右掌が下）、軽く両手の親指の先端をつけた形の印です。これは、この如来の実践功徳を表わしたもので、智慧の世界（法界）に静かに坐っておられることを意味しています。

この大日如来を真言宗では釈迦如来とは区別し、天台宗では同体とみなしています。

6

観《かん》世《ぜ》音《おん》菩《ぼ》薩《さつ》

観世音菩薩は観自在菩薩《かんじざいぼさつ》とも呼ばれます。一般に観音さまというときは聖観音《しょうかんのん》を指しますが、千手観音《せんじゅかんのん》・十一面《じゅういちめん》観音・馬頭《ばとう》観音・如意輪《にょいりん》観音・不空羂索《ふくうけんじゃく》観音・准胝《じゅんてい》観音などの観音さまがあり、さらには白衣《びゃくえ》観音や子安《こやす》観音などと数多くの観音さまがあります。

ここでは、一般的な聖観音について見てみましょう。

観音さまは、慈悲の心を象徴した仏さまといわれています。しかし、観音さまは如来とはいわずに菩薩といいます。それは、観音さまは、如来（仏）になるべき資格を十分備えておられますが、悩める凡夫《ぼんぷ》を救うために如来にはならず、修行中の菩薩のままで、いつも私たちの身近なところで教えを弘め伝えることを誓われたからだといわれています。

「観世音」は「世の音を観《み》る」ということで、ものごとをよく見究めるということです。したがって観音さまは、世の人々の声をはっきりと見究めるお方ということができます。また観音さまは、人々の苦しみや災難を救い願いをかなえて下さるとともに、一人でも多くの人々を仏さまの道に導いて下さるのです。

観音さまは、三十三の姿に身を変えて現われるといわれています。たとえば、ある人には仏さまの姿で、ある人には女性の姿で、また、ある人には幼い子供の姿で、またある人には鬼の姿でというぐあいに。三十三身というのは、あらゆる姿でということですから、さまざまな姿になって私たちに接し、導かれるのであります。

人間の生き方について、人生のあり方、生きる勇気について、また、生きていることのすばらしさや、ありがたさなどについて教え導いて下さいます。私たちのまわりに、もしそのような人があれば、その人が観音さまの変身なのでしょう。しかし、観音さまは、常にやさしい面ばかりでなく、ときには厳しく叱りつけられることもあります。これも観音の慈悲です。

観音さまの慈悲の心は広大無辺で、それぞれの人に合わせて導いて下さるので、数多くの観音さまがあるのです。

この観音さまのことを説いた経典が「観音経」と呼ばれるもので、そのお経を読めば、観音さまのことが詳しくわかります。

観音さまは、阿弥陀さまのお付きの菩薩であり、勢至菩薩とともに現世ばかりでなく後世《ごせ》をお願いする仏さまとして人々から敬《うやま》われています。また、お地蔵さまとともに最も身近な仏さまでもあります。

7

十一《じゅういち》面《めん》観音《かんのん》

十一面観音のことを十一面観世音菩薩とか、十一面観自在菩薩、大光普照観世音菩薩ともいいます。十一面観音とは、観音さまの頭上に十一のお顔のある観音さまのことです。頭の正面に三つの慈悲面、その左には三つの瞋怒面《しんぬめん》、右には三つの白牙上出面《びゃくげじょうしゅつめん》、そしてうしろに一つの暴悪《ぼうあく》大笑面《だいしょうめん》があります。さらにこれらの十の顔の中心に正面を向いているのが一つあります。それに本面を入れると十二の顔になります。

慈悲面は、やさしい顔をしており、素直に仏さまの教えに従っていく人々に対して慈悲の心を持って見守り、教化して楽を与えるという意味をもっています。

瞋怒面は、怒った顔をしています。悪いことをしたり、仏さまの教えを信じようともしない者に対して大悲の心から怒り叱って、その心を改めさせようとするのです。

白牙上出面は、牙《きば》を出している顔をしており、善い行ないをしている人に、さらに仏道に進ませようと賞賛している顔です。

暴悪大笑面は、大笑いをしている顔で、よいことも悪いこともできず、いつもフラフラとして

いる者に、そんなことでどうするのか、と笑い飛ばし、悪いことに向かわせないように見つめています。

そして頭の中心にある仏さまの顔は、仏さまの教えに従い、人々とともに歩んで行こうと志している人に対して、教えを説いて仏道を究めさせようとしている顔です。これらの十一面のそれぞれの顔は、みんなこの観音さまの慈悲の心を表わしたもので、それはとりもなおさず、仏さまの心でもあります。鏡に写る一つ一つの顔が、みんな自分の顔であるかの如くです。

十一面観音は、左手に蓮華《れんげ》と瓶《びょう》を持ち、右手は施無畏《せむい》の印を結んだり、錫杖《しゃくじょう》を持ったりしておられます。

十一面観音の発生は、インドのバラモン教の十一荒神《こうじん》の影響を受けて、五、六世紀ごろから仏教に取り入れられたといわれています。わが国には、早くからこの十一面観音の信仰が伝えられ、飛鳥《あすか》時代から十一面観音像が造られ、天平時代以後に盛んに信仰されて各地にすばらしい像がまつられたようです。

十一面観音が盛んに信仰されたのは、憂いや悩みをなくし、病いを除き、障《さわ》りや災難・悪夢を滅し、悪心を除いてやわらげ、また、悪魔や鬼神の祟《たた》りを除くということからです。これは、災難や病いから人々を救って下さる十一面観音の誓いによるものです。

8 その他の観音

今まで聖観音《しょうかんのん》と十一面観音を見てきましたが、ここではその他の観音について紹介しましょう。

《千手観音《せんじゅかんのん》》

千手観音は、千手千眼《せんじゅせんげん》観自在・千眼千臂《せんげんせんぴ》観世音・千眼千首千足千舌千臂観自在ともいわれます。

この観音は聖観音の変化身で、そのたくさんの手や眼は、一切の人々の悩みを救い、願いごとはすべてかなえてあげようという観音さまの大悲心を具体的な形で示されたものです。

《馬頭観音《ばとうかんのん》》

馬頭観音は、馬頭金剛明王・大力持明王《だいりきじみょうおう》ともいわれ、八大明王《はちだいみょうおう》の一人に数えられています。

また、師子無畏《ししむい》観音ともいわれます。

顔が三つ、目がそれぞれ三つ、口には牙《きば》が突き出し、頭の髪はライオンのたてがみのように逆立ち、頭の上には馬の頭がのり、恐ろしい怒りの相をしています。これは、根性の悪い者や仏法を誹謗《ひぼう》し、殺人・強盗などの五逆罪を犯した者などには、このように恐ろしい相をして威力でもっ

て魔障をくだき導いてやろうという大慈悲心の表われです。

《如意輪観音《にょいりんかんのん》》

如意輪観音（写真）は、如意輪観世音菩薩・如意輪菩薩・如意輪王菩薩ともいわれます。如意とは、意のままに欲しいと思ったらどんなものでも必ずかなえられる珠《たま》（如意宝珠《にょいほうじゅ》）のことで、輪とは教えのことです。つまり如意宝珠と輪宝（法輪）を持っている観音さまです。

代表的なものは、一面六臂《いちめんろっぴ》で、右手第一手を頬《ほほ》につけ思惟《しゆい》しておられますが、これは地獄道を救う誓願の手です。右手第二手は餓鬼道を、右手第三手は畜生道をそれぞれ救う誓願の手。さらに、左手第一手は蓮華の華弁に手をおいて修羅道《しゅらどう》を、左手第二手は人界を、左手第三手はそれぞれ天界を救う誓願の手とされています。つまり、六道の苦から人々を救うことを誓う観音なのです。

《不空羂索観音《ふくうけんじゃくかんのん》》

この仏は、不空羂索観世音菩薩・不空羂索観自在菩薩・不空広大明王観世音菩薩・不空悉地王《ふくうしつじおう》観世音菩薩ともいわれます。羂索とは網やつり糸のことです。これらで魚や鳥をすくい取るように観音さまの大慈悲の心で迷い悩める衆生を救い、苦海の中に沈んでいる衆生に糸をたれて救いあげて下さるといいます。この観音さまの羂索には失敗がなく、もれなく全部救うことができるところから不空と名づけられているのです。

9

地《じ》蔵《ぞう》菩《ぼ》薩《さつ》

地蔵菩薩は、一般的にはお地蔵さまと呼ばれ、多くの人々に親しまれ、あがめられています。お姿はお坊さんのようで、中にはよだれかけをした赤ん坊のようなお地蔵さまもあります。町のあちこちで見かけられ、私たちにとって観音さまと同じように、大事な仏さまとして存在しています。

ところで、一口にお地蔵さまと言いますが、お地蔵さまにはそれぞれ役目があるようです。たとえば、延命地蔵とか身代り地蔵とか、また子供に関係した子安《こやす》地蔵とか、子授かり地蔵・子育て地蔵・水子《みずこ》地蔵などがあります。さらに、目病《めや》み地蔵・とげぬき地蔵・いぼとり地蔵などがあり、ほかにも多くの種類の地蔵さまがあります。

それほどお地蔵さまは、私たちにとって身近な存在で、大切な仏さまであり、そのため多くの人々が信仰しておられます。

ところで、この地蔵菩薩の由来を考えてみましょう。

地蔵さまの地とは大地のこと、蔵とは物を貯蔵する蔵《くら》のことです。したがって地蔵とは、大地の蔵のことなのです。つまり、大地こそは万物を育成する大切なものであります。この大地があればこそ、私たちは住居を建て、住み、生活ができます。またお米や野菜や果物など食べ物を作ることができます。さらに、地中からは石油や石炭などの鉱物資源も掘り出し役立てることができます。また最も大切な水を蓄え、あらゆる動植物に潤いを与えてくれます。

このように大地の蔵からのおかげで、私たちは生かされています。私たちは大地からありがたい恩恵を頂いているのです。そこで、この大地の蔵を擬人化して、地蔵菩薩としてあがめ、感謝の念を表わしました。これが地蔵菩薩の本性であり、真の姿なのです。

このお地蔵さまの信仰は、平安時代に中国から日本に伝わったもので、当時は地獄に堕《お》ちた者を救うための仏さまとされていました。それがいつの間にか、よだれかけをして子供を守る仏さまとして変わっていきました。

またお地蔵さまは、お釈迦さまが亡くなられた後、次の仏さまになる弥勒菩薩《みろくぼさつ》がこの世に現われるまでの間、人々の悩みや苦しみを救う弥勒の化身《けしん》でもあるともいわれています。

さらに、六地蔵《ろくじぞう》といって、よく墓地の入口などに六体の地蔵尊を見かけることがあります。これは六道《ろくどう》（地獄・餓鬼・畜生・修羅・人間・天上の六つの世界）に輪廻《りんね》する悩める衆生を救済するための地蔵さまです。

10

弥《み》勒《ろく》菩《ぼ》薩《さつ》

弥勒菩薩は、お釈迦さまが亡くなられてから五十六億七千万年後に、この世に生まれ仏さまとなるといわれています。弥勒菩薩は、お釈迦さまが涅槃に入られるときに授記《じゅき》（予言）された「未来仏」なのです。

弥勒菩薩は、菩薩としての修行はすでに完成し、一生補処《いっしょうふしょ》の地位にあるといわれます。これはもう一度だけ生まれ変わったら仏になることができる菩薩という意味です。遠い未来とはいえ、いずれは仏になることが確実に約束されているために、未来仏というのです。

お釈迦さまの死後、仏教は次第に衰微していくと考えられ、悟りを開く者がいる正法《しょうぼう》時代。次は仏の教えと、それを修行する者が存在するが、悟りを開く者がいない像法《ぞうぼう》時代。最後に、教えだけあって、正しく修行する者も、悟りを開く者もいない末法《まっぽう》時代となり、仏教にとっては、まさに暗黒時代となるとされています。

この暗黒時代では、自力の修行で悟りを開くことは、ほとんど不可能です。そこで仏や菩薩に強力な救済を願う信仰が活発になってくるのです。

そこで阿弥陀信仰や弥勒《みろく》信仰が流行しました。

ところで、弥勒菩薩が住んでおられるところは、弥勒の浄土といわれ、兜率天《とそつてん》といわれています。この「兜率天」には、満足するという意味があるそうです。兜率天は、将来仏となられる弥勒菩薩が、地上に降りられるまでの間、最後の生を過ごされるところであります。

弥勒信仰では、死後、この弥勒菩薩のいる兜率天に生まれることを願う上生《じょうしょう》信仰と、弥勒菩薩がこの世に出現して法を説くとき、うまくめぐり合わせて自分たちも悟りを開こうとする下《げ》生《しょう》信仰があります。

お釈迦さまも、ここから白象に乗って摩耶夫人の胎内に降りられたということです。お釈迦さまの滅後、五十六億七千万年経ってから地上に降りられるということですから、今現在も弥勒菩薩は、まだこの兜率天におられるのであります。このことから、兜率天は弥勒信仰と結びついて重視されることになりました。

なお、中国の唐代に実在していたといわれる布袋和尚《ほていおしょう》が、弥勒菩薩の化身《けしん》として尊崇されたこともありました。

11 文殊菩薩《もんじゅぼさつ》

文殊菩薩は、どんな菩薩さまでしょうか。「三人寄れば、文殊の智慧」ということわざがありますが、その文殊さんのことです。文殊菩薩は、仏さまの智慧を代表する菩薩さまなので、こうした言葉が生まれたのでしょう。また文殊《もんじゅ》師利《しり》菩薩《ぼさつ》とも呼ばれています。

釈迦三尊《しゃかさんぞん》という三体の仏像がありますが、これはお釈迦さまを中心に、向かって右に文殊菩薩が、そして左に普賢《ふげん》菩薩が脇侍《わきじ》として並んでいます。

この文殊菩薩は、獅子《しし》に乗り、右手に剣を持ち、左手には経巻《きょうかん》（蓮華）を持っています。この剣は、煩悩や執着を断ち切る降魔《ごうま》の剣であり、文殊菩薩の智慧の鋭さを表現しているのです。

この智慧とは、真理を悟り、仏道を体得する力であります。これを般若の智慧といい、「般若心経」に説かれている空《くう》の思想を表徴しています。

そして、左手の経巻は経典のことで、仏の教えそのもののことです。つまり、お釈迦さまの説かれた教えを、お釈迦さまに代って説法することの大切さを表現しています

経典にはいろいろありますが、特に文殊菩薩にかかわりのあるものは、「維摩経《ゆいまきょう》」や「華厳経《けごんきょう》」などがあります。

文殊菩薩は、釈迦三尊だけでなく、単独でまつられるものもあります。僧侶の形や童子の形をしたもの、宝冠をいただいたもの、さらに白蓮の座や孔雀《くじゃく》に乗っているもの、一番多いのは獅子に乗っているお像です。

禅寺の坐禅堂の中央にまつられ、聖僧《しょうそう》さま（写真）と呼ばれている仏像は一般に、この獅子上に端坐した文殊菩薩です。

また多くの仏や菩薩が、インドの出身であるのに対して、文殊菩薩は、中国山東省の五台山《ごだいさん》の出で、その後インドへ行かれたということです。それで、補陀落山《ふだらくさん》が観音さまの聖地であるように、五台山は文殊菩薩が住み、説法していた文殊菩薩の聖地とされています。

したがって、中国では、この五台山に巡拝する人が多くなるにつれ、文殊信仰が各地に広まりました。日本では平安時代に比叡山の西塔《さいとう》文殊楼に、僧円仁《えんにん》が五台山文殊と呼ぶ像をまつったのが始まりで、信仰されるようになりました。五台山文殊とは、四人の従者を連れた文殊像です。

このようにいろいろな形で、智慧を説く菩薩さまとして文殊菩薩があるのです。

12 普《ふ》賢《げん》菩《ぼ》薩《さつ》

普賢菩薩は、文殊菩薩とともに、お釈迦さまの脇侍《わきじ》として釈迦三尊を構成しています。お釈迦さまの向かって左側に控えているのが普賢菩薩です。

普賢とは、求道《ぐどう》の願行《がんぎょう》があらゆるところに遍満し、その心が最善（賢）であることを指す言葉で、つまり、普《あまね》くめでたいという意味があり、遍吉ともいわれています。

インドで最もすぐれた動物とされる白象の上に乗り、功徳の実践を行なっているのであります。

文殊菩薩が般若、つまり、智慧を代表する菩薩であるのに対して、普賢菩薩は行（修行）を代表する菩薩であるとされています。

「華厳経」によれば、普賢菩薩は普賢行願《ふげんぎょうがん》といわれる十の大願を立てられました。

その十願とは、次の通りです。

①礼敬諸仏《らいきょうしょぶつ》（すべての仏を礼拝し敬うこと）
②称讃如来《しょうさんにょらい》（如来の功徳を礼賛すること）

③広修供養《こうしゅうくよう》（如来に供養を行なうこと）
④懺悔業障《さんげごっしょう》（過去の悪業を深く悔いること）
⑤随喜功徳《ずいきくどく》（功徳を喜ぶこと）
⑥請転法輪《しょうてんぽうりん》（仏の説法を請い願《こ》うこと）
⑦請仏住世《しょうぶつじゅうせ》（仏が入滅しないよう請い願う）
⑧常随仏学《じょうずいぶつがく》（常に仏に従って学ぶこと）
⑨恒順衆生《こうじゅんしゅじょう》（すべての衆生に応じて供養する）
⑩普皆回向《ふかいえこう》（功徳を衆生に振り向ける）

以上のような十願ですが、これが菩薩の誓願文《せいがんもん》の基本となっているのです。

なお、普賢菩薩には、寿命を延ばす功徳があると信じられるところから、普賢延命菩薩とも呼ばれています。

要するに、普賢菩薩は普くめでたいという名を持ち、六つの牙を持った白象に乗り、仏の悟りの理法や禅定と修行を示す菩薩さまなのであります。

13

虚空蔵菩薩《こくうぞうぼさつ》

虚空蔵菩薩は、地蔵菩薩が大地の蔵《くら》であるように、虚空の蔵なのです。

虚空とは、大空のことです。大空は無形、無色であり、すべてのものを包蔵することができます。しかも、大空は広大無辺で無尽蔵《むじんぞう》ですから、何ものも破壊することはできません。

その大空を擬人化した仏さまが虚空蔵菩薩です。虚空蔵菩薩の智慧と福徳は、大空のように無尽蔵であるところから、このように名づけられました。

蓮華座《れんげざ》に坐って、宝冠を頭上にのせ、右手に智慧を象徴する剣を持ち、左手に福徳を示す蓮華と宝珠《ほうじゅ》を持っています。また、手の印によって表示するものもあり、像の形はさまざまのようです。

この菩薩は、日本でも古くから信仰されてきました。経典によれば、この菩薩は人々を救うために、あらゆる姿になって出現し、手に持つ宝の珠によって、人々の願いに応じて福徳を与えるということであります。

たとえば、裕福な人々が貧しい人々に自分の持つ金品を分け与えても困らないように、この菩薩も、教えの功徳をあらゆる人々に分け与えても、少しも困ることはありません。

しかし、人間というものは、智慧を授けてもらうよりも、具体的な福を授けてもらう方により魅力を感ずるようです。「虚空蔵菩薩経」によれば、菩薩はその神変《じんぺん》（神通力《じんずうりき》）によって娑婆世界を浄土に変えることができ、また虚空蔵菩薩を念ずれば憶持不忘《おくじふもう》（絶対に忘れない）の力を得ることができると説かれています。また虚空蔵求聞持法《こくうぞうぐもんじほう》を修すれば、記憶力が増進するともあります。

要するに、虚空蔵菩薩は、このような智慧と福徳をもって衆生を救済する菩薩なのです。

なお虚空蔵菩薩は求聞持法の本尊としては一体ですが、五大虚空蔵と呼ばれるものがあります。もともと密教では重要な地位を占め、大日如来《だいにちにょらい》を中心として組み合わせ「五智如来の変身」であると説かれています。

五大虚空蔵とは、中央に法界虚空蔵（大日如来）、東方に金剛虚空蔵（阿閦《あしゅく》如来）、南方に宝光虚空蔵（宝生《ほうしょう》如来）、西方に蓮華虚空蔵（阿弥陀如来）、北方に業用《ごうゆう》虚空蔵（釈迦如来）ですが、それぞれが五仏坐像の宝冠をつけているのが特徴です。

なお、日本でも十三仏《じゅうさんぶつ》信仰がありますが、この第十三仏目が虚空蔵菩薩となっています。

14

勢《せい》至《し》菩《ぼ》薩《さつ》

勢至菩薩は阿弥陀三尊《あみださんぞん》の中の一体として見受けられますが、勢至菩薩だけの独尊《どくそん》としては、ほとんどまつられておりませんので一般にはあまり知られていません。

阿弥陀三尊とは、中央に阿弥陀如来が、そして向かって右に観世音菩薩が、左に勢至菩薩が脇侍《わきじ》として並んでいます。阿弥陀如来と観世音菩薩については、世間でよく知られ、古くから信仰されてきました。

では、この勢至菩薩とは、どんな仏さまなのでしょうか。「観無量寿経」という経典の中に、この勢至菩薩のことが書かれています。

それによれば勢至菩薩は、文殊菩薩と同じように智慧の菩薩であります。では、勢至菩薩はどんな智慧の菩薩なのでしょう。

文殊菩薩の智慧は、徳行《とくぎょう》に重点がおかれていますが、勢至菩薩の智慧は、人々を迷いから救うための強い意志力に重点がおかれています。

勢至菩薩の智慧の光明《こうみょう》は盛んで、一切を照らし、迷いから救う力が大きいので、勢至菩薩のことを大勢至《だいせいし》とか大勢志ともいいます。

また、地獄や餓鬼・畜生の三つの苦しみの世界から、人々を救い出すために、無上の力を備えており、無限の光明をもつところから無辺光ともいわれています。

さらに、このような智慧のはたらきが大勢力となって、人々の迷いを取り除いてくれるのです。これが勢至菩薩の本願でもあります。

ところで、この勢至菩薩は大乗仏教になってから登場してきた菩薩だといわれています。そしてその最初より観世音菩薩とは常によく対比されてきました。

また、観世音菩薩と勢至菩薩は姿形もよく似ていますので、見分けがつきにくいとされていますが、両者の特徴を知ればすぐにわかることです。

それは勢至菩薩については、頭上の冠の中に、宝瓶《ほうびょう》という水を入れる容器のようなものがあることです。そして手には蓮華を持っているものや、合掌しているものなどがあります。

それに対して、観世音菩薩は、宝冠のところに化仏《けぶつ》という小さな阿弥陀仏をいただいているのでよくわかります。

そこで阿弥陀如来の象徴として、観世音菩薩は慈悲を、勢至菩薩は智慧と智力を象徴しています。さらに、観世音菩薩は母性的慈悲を、勢至菩薩は父性的智慧をも象徴しているのであります。

15

不《ふ》動《どう》明《みょう》王《おう》

不動明王は、五大明王《ごだいみょうおう》（不動・降三世《ごうざんぜ》・軍荼利《ぐんだり》・大威徳《だいいとく》・金剛夜叉《こんごうやしゃ》明王）や八大明王《はちだいみょうおう》（五大明王と馬頭《ばとう》・大輪《だいりん》・歩擲《ぶちゃく》明王）の一つですが、その中心的な存在でもあります。明王たちは、いずれも恐ろしい形相《ぎょうそう》をしています。仏や菩薩は、やさしい慈悲にあふれた顔や姿なのに、なぜ明王はこのようなのでしょうか。特に、不動明王の形相は次のようです。

上半身は裸で、火炎を背後に負い、右手に剣を持ち、左手に羂索《けんじゃく》という縄を持ち、弁髪《べんぱつ》と呼ばれる形の髪を片方の肩の前に垂らし、目は両眼とも開くか、左眼だけ細く閉じ、下の牙で上唇《うわくちびる》をかんだ恐ろしい顔です。

このような不動明王たちの恐ろしい形相は、逆に仏の慈悲の一面を表わしていると見るべきでしょう。

それは火炎を背に負うのは、火炎は内心の怒りを象徴しており、悪魔撲滅の威力を示すため、また手に剣と縄を持つのは、人間が持つところの煩悩、つまり貪《とん》・瞋《じん》・痴《ち》の三毒《さんどく》を断ち切るため

とされているからです。

この不動明王は、インドのシヴァ神の異名で、大日如来の使者として悪魔煩悩をこらしめ、衆生を教化し、仏法の行者を守護する役目を持っています。そのとき、優しい面だけでは、なかなかどうしても従《つ》いて来れない衆生に対しては、厳しい面が必要なのでしょう。

仏教に導き入れ、最後の悟りを得させるための方便として、教化しがたい衆生については、なんとかおどしつけてでも仏教に引き寄せて、救済しようとする、それは一種の菩薩行《ぼさつぎょう》ではないかと考えられます。

不動明王の不動とは、他のものに動かされないという確固たる姿勢のことです。明王の明とは、無明《むみょう》に対する明であって、智慧と真言《しんごん》（神聖な言葉）を意味します。無明とは、真実について無知であること、つまり仏法の真理に暗いことで、闇の夜にたとえられ、最も根本的な煩悩のことです。

このような意味から、なぜ不動明王が恐ろしい形相なのか理解できるのではないでしょうか。不動明王のことを動かざる尊者ともいわれます。そんな不動明王を、日本人はお不動さまと呼んで親しみ、根強い信仰を持っているのであります。

第四章

仏事・仏教行事の意味

1

仏事《ぶつじ》とは

仏事とは、死者儀礼《ししゃぎれい》や先祖供養《せんぞくよう》、それにいろいろな儀式等の仏教行事のことです。仏教は、本来個人の宗教であり、個人の安心立命《あんじんりゅうみょう》を最終の目標としたものであります。したがって、この仏事は、仏教からみれば第二義的なものですが、今では、個人や氏族、地域社会等とのかかわり合いも深く、古い歴史を持った日本人の風俗習慣として伝承され、引き継《つ》がれてきました。仏教が中国より伝承されて以来、いろいろな形式の仏教行事が行なわれるようになりました。

死者儀礼や先祖供養としての仏事は、人間にとって死が最大の恐怖であり、最大の哀惜《あいせき》でもあるところから、死者の霊を鎮《しず》め、死霊の再生を願ったものです。また、古来、死を「死穢《しえ》」といって、いみ嫌い、横死者などは悪霊《あくりょう》となって人に災いを与えると信じられてきたために、それを懇《ねんご》ろに読経《どきょう》して、霊を鎮め、死者の追善供養《ついぜんくよう》をすることによって人々の不安を取り除こうという意味もありました。つまり、死者への取り扱いと、日本人の祖霊崇拝とが複雑にからみ合って、仏事というものが形作られてきたのです。

ところが、このように古くから行なわれてきた仏教行事も最近はしだいに行なわれなくなったものもあるようです。それは、日本の家族制度が核家族へと移り変わってきたため、この習俗が円滑に伝承されなくなったためかもしれません。また、さらには仏事に対する無関心さ、強いていえば無知からくるものといえるのではないでしょうか。

たとえば、近親者に不幸ができたときなど、たちまち混迷し、どうしてよいやら、とまどうことがあるのではないでしょうか。家の宗教は何か、宗旨《しゅうし》は何か、菩提寺《ぼだいじ》はどこか、家の紋《もん》は何か、墓は、仏壇は……と、何をどうしてよいやら、ただ周囲の人を頼るばかりといった現状が見られます。

全く無知、今までの無関心さが、そういう結果を招くのです。

無宗教、無信仰も、平穏無事なときは、それでもよいでしょうが、いったん事があったときにつまずきます。仏事が日本人の生活に習俗化した現在では、決して無視できないでしょう。ある程度の仏事の常識は心得ていなければなりません。そして、単なる仏事の知識だけでなく、その仏事の心を体得したいものです。

2

葬《そう》礼《れい》

すべての仏事は、この葬礼から始まるといってもよいでしょう。

葬礼とは、葬式とか葬儀・葬送などといわれるものです。この葬礼、つまり、葬式は、人生の四大儀式（冠婚葬祭《かんこんそうさい》）の一つで、しかも、人生最後の儀式であり、最も厳粛《げんしゅく》なものであります。人間、誰しも、死を避けることはできません。平均寿命は延びましたが、事故死や自殺が増えている昨今です。満ち足りた幸福な家庭でも、いつ近親者の急死に出遭《であ》うかわかりません。人情の常で、平素は、誰でも葬式のことなど考えないものでしょう。それだけショックが大きいといえましょう。

でも、いたずらに周章狼狽《しゅうしょうろうばい》し、悲嘆にくれていても仕方がありません。死んだ人はもう帰らないのです。したがって、帰らぬ人となった故人の冥福《めいふく》を祈り、丁重《ていちょう》な弔《とむら》いをするのが、遺《のこ》された者のつとめであり、義務でもありましょう。

葬式無用論をとなえる人がありますが、一体、誰にとって無用なのでしょうか。本来、葬式は、生きている人間の生命がつきて、この現実の世からなくなってしまったとき、生きている家族や親類・知人・友人などが、これに対処する方法なのです。

生命がどこから来て、どこへ去っていくのか、これは古来からのナゾですが、すべての生物が、大地から生まれ、大地へ去っていくことはまちがいないでしょう。

つまり、大自然の中へ、生命と屍《かばね》を送り返してあげるというのが、葬式なのでもあります。葬という文字は、草と草の間に死と書きます。つまり、自然の大地にかえっていくことを表わしているのです。

葬式の方法も、長い間に、いろいろと変遷《へんせん》がありました。土葬・火葬・水葬・林野葬・樹木葬……と、現在、日本では火葬がほとんどでありましょう。

人が死ぬということは、遺族はじめ、周囲の人々との永遠の別れをも意味しています。したがって、葬式には、死者を弔うということと、死者とお別れするのだという二つの意味が含まれています。

とにかく、葬式は、残された者たちが、故人に贈る最後のはなむけでありますから、敬虔な気持で、真情のあふれたものにしたいものです。

3 戒名《かいみょう》とは

戒名とは、三帰戒《さんきかい》（仏・法・僧の三宝《さんぽう》に帰依《きえ》すること）を受けて仏門に入った者につけられる名です。つまり、仏教に帰依し、授戒《じゅかい》を受け、仏弟子となって得戒師《とっかいし》から授けられる法名《ほうみょう》のことです。ところが、一般では、戒名のことを死者につける法名と解されているようですが、そうではなく、本来、生前に授けられるべきものであります。

戒名を弟子や信者に授与することは、仏教行事として大切なことです。戒名を授けるときは、授戒式といって古式にのっとり七つの儀式が厳粛に行なわれます（黄檗《おうばく》『在家授戒法儀《ざいけじゅかいほうぎ》』による）。つまり、仏教徒であるということを表示する重要な儀式です。しかも、戒名を授けられるということは、仏教に帰依し戒法《かいほう》を受け、その戒法を持《じ》して犯さないということを誓約することなのです。したがって、戒名を授かったならば、平俗の人ではないということを自覚し、仏道を精進していかなければなりません。

授戒式を受けて、得戒師より戒牒《かいちょう》（受戒の証明書）を授けられますが、そこに戒名の二字が記載されています。この戒名は、黄檗宗の場合は得戒師の系字（僧侶の世代を示すもの）か、または俗名の文字が含まれている場合が多いようです。僧侶の諱名《いみな》に当たるものです。本来、戒名は二字ですが、今日では、その上に道号《どうごう》をつけて四字とするようになっています。僧侶の法名が道号と諱名の四字であるところから、一般在家もそれにならったものと考えられます。

例　【僧侶】（道号）（諱名）　【在家】（道号）（戒名）
隠元　隆琦　（男）　泰山　一道
祖承　広伝　（女）　梅香　妙恵

さらに、在家信者には、道号戒名の上下に、○○院とか、居士《こじ》、信士《しんし》（男）、大姉《だいし》、信女《しんにょ》（女）などの文字がつけられますが、これは尊称、性称に当たるものです。つまり、性別を表示したり、仏道修行の浅深を表わすものです。しかし、後世になって死者の社会的地位や経済上の差別となり、さらには寺院に対する勲功の軽重によって区別するようになったのです。

授戒を生前に受ける者は、それだけ仏教に対する関心も高く、信心が深いということですが、死後において戒名をつける場合は、遺族がよく戒名とは何かを理解していただかねばなりません。重ねて申しますと、戒名を頂くということは、仏教徒になったという、修行者の自覚の表われだといってよいでしょう。

いつまでも、戒名を死者につける名前だと考えていてもらっては困ります。

4

法事《ほうじ》の心

亡《な》き人を偲《しの》ぶ心情ほど人間的、宗教的な心の動きはないといわれます。今、こうして自分が生きているということは、亡き人、つまり、ご先祖があったればこそでしょう。

したがって、この自分をこれまでに育ててくれた父母や祖父母に対して追慕《ついぼ》し、その感謝の気持を表わそうと願うのは当然のことでしょう。そこで、その父母・祖父母の恩を偲び、感謝の誠《まこと》をささげようとする営みが法事なのであります。

法事には、年忌《ねんき》・祥月命日《しょうつきめいにち》・月忌《がっき》などがありますが、普通、法事といえば、年忌法要をさしているようです。年忌は、一周忌・三回忌・七回忌・十三回忌・十七回忌・二十三回忌……などと五十回忌まで、三と七のつく年に行なわれています。そして、五十回忌以後は、五十年単位に行なわれるようです。

このように、多くの法事がありますが、現在では、三十三回忌ぐらいで打ち切っている場合が多いようです。ただ、決してそうしなければならないものでもなく、また、年忌毎に必ずしなければならないものでもないと思います。

しかし、伝統的なしきたりに従って、先祖を偲ぶという生活にけじめをつけるために、そして、その心を厳《おごそ》かに表現するために行なうことを忘れてはなりません。

また、後に遺《のこ》った家族のために、この法事を縁として少しでも仏縁に近づかせていただけるようにというのも、一つのねらいであります。法事は亡くなった人に対して、つとめてあげるものではなく、生きている私たちが、つとめさせていただくものでもあるのです。ですから、何年ぶりかの法事には、親類縁者はもちろん、生前故人とのつきあいのあった方々にも、できれば集まっていただき追善供養をしたいものです。

また、古い年忌を行なうことは、それだけ、一家が継続して繁栄してきているという証拠であり、遠く祖先追慕の思いを新たにして、子々孫々《ししそんそん》集まって感謝の誠を表わせることは、実にすばらしいことではないでしょうか。

法事は、それをつとめる側の人の心がけ次第だといえます。それは、つとめる側の子孫の生き方にかかわっているからです。要は、それぞれの生き方において、精いっぱい、つとめればよいのではないでしょうか。

5

追善供養《ついぜんくよう》とは

人間が死亡した日から四十九日間を中陰《ちゅういん》または中有《ちゅうう》といいます。この中陰とは、この世とあの世の中間にある世界のことです。この間、七日目ごとにお経をあげ、死者の供養をするのが中陰供養であり、追善供養です。

それでは、この追善供養はどんな意味をもつのでしょうか。

「十王経《じゅうおうきょう》」という経典に、このことが書かれていますのでご紹介しましょう。

人間の死後、葬儀に始まり、初七日忌《しょなのかき》……七七日《しちしちにち》忌、さらに百か日忌・一周忌・三回忌……と追善供養が行なわれますが、三回忌までの間、冥土《めいど》では、十人の冥官《めいかん》（裁判官）が、それぞれの忌日において、死者に対し、裁判を行ないます。

つまり、現世での善行悪行の行為が問われるわけです。そして、その判決が下され、その結果、浄土に送られたり、罪科の軽重によって、いろいろな呵責《かしゃく》、刑罰が課せられるのです。そのとき、現世に遺《のこ》る親族縁者が故人のために追善供養を営み、善根功徳《ぜんごんくどく》を回向《えこう》すれば、その善根功徳によって、冥土にいる故人の罪科が減ぜられて、よい世界に生まれ変わることができるといわれます。

ところが、現世にいる親族縁者より追善回向の援助のない者は、自分が犯した業報《ごっぽう》によって地獄という最も苦患《くげん》の多い世界に生まれ変わって苦悩を受ける身となるというのです。

これは、つまり、現世にいる親族縁者や世の人々に対して、厳粛なる因果応報《いんがおうほう》と自業自得《じごうじとく》・勧《かん》善懲悪《ぜんちょうあく》の道理を説き、その道理を理解させようとするものでありましょう。

このことは、現代的な考え方では、単なる譬喩《ひゆ》であり、非現実的な物語として一笑されるかもしれません。しかし、いろいろな苦しみの原因は、貪欲《とんよく》がもとであるといわれますように、地獄は、この世にも実在しているのであります。

つまり、刑務所（牢獄）があり、いろいろな刑罰があり、死刑という極刑さえあることを考えてもおわかりでしょう。この刑務所は、この世の地獄界の一種であり、人類がこの世に始まって以来存在しているものであり、誰も否定することはできません。さらに人類が続く限り、この牢獄は、永遠に存在することでしょう。

因果応報・自業自得、まかぬ種は生えないという根本道理がある限り、因果応報は何人もまぬがれることはできないでしょう。

6

成《じょう》道《どう》会《え》

死者儀礼としての仏事は、追善供養《ついぜんくよう》のために大切なことですが、さらに仏教徒として、行なわなければならない最も敬虔な仏事法要があります。それについて、いくつかご紹介しましょう。

まず、成道会です。

成道の「道」とは菩提《ぼだい》（悟り）のことで、「成道」とは「悟りの完成」ということです。

仏教を開かれたお釈迦さまは、人生の無常と、それから生ずるいろいろの苦悩から解脱《げだつ》して、仏になられました。それを記念して行なう行事が成道会なのであります。

その日は、十二月八日です。

仏伝によりますと、お釈迦さまは、出家されてから、当時のインドの修行者たちが行なっていた苦行《くぎょう》を六年間も体験されましたが、それは結局、無益なことであると悟られ、その苦行を捨てられました。そして、河で沐浴《もくよく》され、村娘の捧げた牛乳で煮たお粥《かゆ》を食べられ、体力を回復されたのち、菩提樹《ぼだいじゅ》の下で、坐禅をして瞑想三昧《めいそうざんまい》に入られ、十二月八日の未明に大悟《たいご》されたといわれています。

そこで、この日を毎年お釈迦さまの成道日として記念しているのです。

この日には、成道会の記念法要を行ない、六年間の苦行を偲《しの》んで「出山《しゅっさん》の釈迦」像を壇に掲《かか》げ、乳粥《ちちがゆ》を供養するならわしがあります。そして、お釈迦さまの悟りにあやかるために臘八接心《ろうはつせっしん》が行なわれます。

臘八とは、十二月八日のことであり、臘八接心とは、十二月一日からお釈迦さまが成道された八日の朝まで、昼夜不断に坐禅修行をすることをいいます。今でも、禅の専門道場では行なわれています。

ところで、お釈迦さまが、人生の苦悩を解脱され、悟りを開かれましたが、その悟りの内容は、一体何だったのでしょうか。その内容こそ仏教の根本真理であります。

それは、一口でいえば「縁起《えんぎ》」の理です。縁起とは「よって生ずること」、つまり、この世のすべての現象は、無数の原因や条件（縁）が相互に関係し合っていて、そのものだけで成り立ち存在しているものは何一つないということです。

また、人生のあらゆるものは、生滅無常《しょうめつむじょう》であり、変化するものですから、それに心がとらわれなければ真実の自己を見失った迷いの世界や、苦の生活はなくなるということなのであります。

7

降誕会《ごうたんえ》

降誕会とは、花まつりの名で親しまれている行事のことです。灌仏会《かんぶつえ》とか仏生会《ぶっしょうえ》・浴仏会《よくぶつえ》・龍華会《りゅうげえ》ともいわれています。つまり、仏教の創始者であるお釈迦さまの誕生を祝う行事なのです。

その日は四月八日で、季節の花を飾って誕生仏《たんじょうぶつ》に甘茶《あまちゃ》を灌《そそ》ぐ儀式を行ないます。

仏伝によりますと、お母さまの摩耶夫人《まやぶにん》が、ある日、白象《びゃくぞう》が自分の右脇から胎内《たいない》に入る夢を見られた。その時にお釈迦さまを懐妊《かいにん》されたということです。その後、お産のために里へ帰る途中、ルンビニの花園で休まれ、無憂樹《むうじゅ》の花が美しく咲いているので、それを右手でお取りになろうとしたとき、お釈迦さまが誕生されたと伝えられています。この日が四月八日なのです。

そして、お釈迦さまは、すぐに七歩あるかれ、右手をあげて天を指し、左手は地を指し、「天上《てんじょう》天下唯我独尊《てんげゆいがどくそん》」と声をあげて宣言されたということです。

花まつりは、お釈迦さまが生まれられたときの花園をかたどって、お寺の境内にいろいろな花で飾った花御堂《はなみどう》という小さなお堂をつくり、このお堂に誕生仏を安置して、頭の上から竹の柄《ひ》杓《しゃく》で甘茶を三回灌《そそ》いで拝む法会です。

甘茶を灌ぐのは、生まれられたばかりのお釈迦さまに、九頭の竜が天から暖水、冷水の二つの清浄な水を注いで産湯《うぶゆ》をつかわせたということによるものです。また、このことにあやかって、子供の成長と将来を祈るという子育ての願いもこめられています。

この甘茶は、漢方薬の一種であるカンゾーの根を煎《せん》じたもので、これを飲むことによって身体が健康になるともいわれています。青竹で作った小さな手桶《ておけ》形の筒に甘茶を入れて持ち帰り、一家の息災延命《そくさいえんめい》を祈って飲むことも一般に行なわれているようです。花まつりの行事は、その他各地でいろいろな習俗を生みだしており、楽しい年中行事になっています。

なお、お釈迦さまが、「天上天下唯我独尊」と宣言されたことは、人間一人一人の尊さを言っておられるのです。自分という人間は、この世で自分独りしかいない貴重な存在であること。さらに自分という存在があることによって、相対的なあらゆるものに触れることができ、宇宙存在と、その尊さがわかるものであるということを意味しています。

8 涅《ね》槃《はん》会《え》

お釈迦さまの入滅《にゅうめつ》（死）の日とされている二月十五日に行なわれる法会《ほうえ》を涅槃会といいます。四月八日の降誕会《ごうたんえ》、十二月八日の成道会《じょうどうえ》とともに、お釈迦さまの三大法会として重じられています。

この涅槃会は、涅槃忌とか仏忌《ぶっき》・常楽忌《じょうらくき》ともいわれます。

毎年、この二月十五日、お寺によっては、沙羅双樹《しゃらそうじゅ》の下に横たわっておられるお釈迦さまを囲んで、多くの弟子や動物が悲しんだり、泣いたりしている情景を描いた涅槃図《ねはんず》を掲《かか》げ、「遺教経《ゆいきょうぎょう》」をとなえて、お釈迦さまを偲《しの》び法会を行ないます。日本では、古く奈良時代のころより行なわれているようです。

お釈迦さまの入滅の模様を伝えたものに「大般涅槃経《だいはつねはんぎょう》」があります。

それによりますと、お釈迦さまは、二十九歳で出家され、三十五歳で大悟《たいご》、八十歳で入滅されたわけですが、その間の四十五年間、各地へ旅され、多くの人々に、人間の苦悩を解決するための正しい考え方、生活のあり方を説き続けられました。

そして、晩年のある日、信者のささげる供養の食事がもとで、ひどい下痢を起こされたのであります。次第に衰弱はつのり、歩行も困難な状態になられました。そのうち、自らの死期《しき》の近いことを感じられて、クシナガラの河岸にある沙羅双樹のもとにたどりつかれました。ここを入滅の場所として選ばれたのでしょう。

弟子に床をとらせ頭を北にして、右脇を下に、面《かお》を西に向け、足の上に足を重ねて横になられたのでした。多くの弟子や信者たちは、お釈迦さまのまわりにかけつけ、回復を願いました。

お釈迦さまは、最後の最後まで、弟子たちに教えを説かれました。その教えとは、

「では弟子たちよ、汝《なんじ》たちに言う言葉はこれである——もろもろの現象は移りゆく、怠《おこた》らず努力するがよい」

実に、これが、お釈迦さまの最後の言葉でありました。

無常といい、無我といい、苦といい、それはただの理論ではない。むしろ、仏教の根本は「怠らず努力」という一点に要約されるのではないでしょうか。

お釈迦さまがこの世に残された短い言葉のうちには、無限の教えが含まれているといえましょう。

9 彼《ひ》岸《がん》会《え》

彼岸会とは、春分の日と秋分の日を中日として、その前後各三日、一週間にわたって行なわれる法会のことです。

この期間中、お寺では、彼岸会の法要が営まれます。また、人々は、ご先祖の墓に詣《もう》でたり、家庭では、彼岸だんごやおはぎなどを作って仏壇に供え、先祖の供養を行なっています。

しかし、彼岸は、本来仏道を修行し成就することなのであります。彼岸とは、到彼岸《とうひがん》のことであり、生死《しょうじ》の苦しみのある「此岸《しがん》」から、仏のおられる「彼岸」に到《いた》って、永遠の幸せを得ようとすることなのです。

迷いの世界から悟りの世界に到ろうというのが仏教の教えです。このことが彼岸の行事を生むもとになったといわれています。ところが、その後、祖先崇拝と一緒になって、先祖の霊をまつる仏教行事となったようです。

また、「暑さ寒さも彼岸まで」と言われるように、彼岸は時節を示す言葉としても親しまれています。この時期は、昼夜の長さが同じになります。春分の日（三月二十一日ごろ）を過ぎると、だんだんと暖かさを増し、昼が長く夜が短くなって夏に向かい、秋分の日（九月二十三日ごろ）を境にして、夏の暑さから抜けでて涼しくなり、昼が短く夜が長くなって冬に向かうという、季節の変わり目です。

春分の日は、このように自然のあらゆる生命が若々しく萌《も》えあがるときであり、自然をたたえ、生物をいつくしむ日とされています。また、秋分の日は、祖先を敬い、亡くなった人を偲ぶ日とされています。自然の摂理《せつり》にもとづいて、春分の日を希望の日、秋分の日を追憶の日として、国民の祝祭日にもなっています。

また、彼岸には仏教本来の意味に沿って、六波羅蜜《ろくはらみつ》の六つの徳目を実践して修養につとめねばなりません。

六波羅蜜とは、布施《ふせ》（自分にして欲しいことを進んで人にする）、持戒《じかい》（悪いことをしないで善いことをする）、忍辱《にんにく》（不平不満を言わずに、がまんする）、精進《しょうじん》（努力して励む）、禅定《ぜんじょう》（心の静かさを失わない）、智慧《ちえ》（ありのままの真実の姿を見つめる）。

要するに、この彼岸会には、先祖に感謝するとともに、修養に励むことがふさわしいのです。

10

開《かい》山《さん》忌《き》

開山忌とは、お寺を創始したり、中興《ちゅうこう》したりしたお坊さんの祥月命日《しょうつきめいにち》に、そのお寺で行なわれる忌日法要《きにちほうよう》のことです。特に、宗派の宗祖の開山忌は盛大に行なわれます。

日本のお寺は、時代によって、創立のようすが違います。たとえば、奈良時代以前では、すべて国の手で創始されましたから特定のお坊さんを開山として、あがめることはありませんでした。ところが、平安時代になりますと、貴族や地方の豪族たちが、お寺を建立するようになりました。また、鎌倉時代では、さらに武士が盛んに氏寺《うじでら》を建立するようになりましたので、一族の祖先が帰依《きえ》し創始したお坊さんとお寺とを子孫に至るまであがめようとしました。

そこで、寺を建立するために、浄財を寄進《きしん》した人を開基《かいき》といい、その帰依を受けて初代のお坊さんになった人を開山《かいさん》というのです。したがって、開山は、そのお寺の現在の住職から見れば、寺の祖先ともいうべきでしょう。また、開山に帰依した開基の一族が亡んだ後も、寺の元祖としての開山が敬《うやま》われました。

このように、開山を敬慕する表われが開山忌なのです。

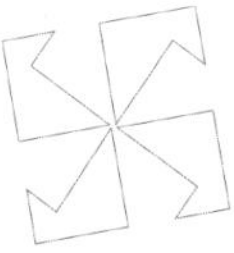

開山忌は、その宗派やお寺によって、いろいろな形で行なわれています。黄檗山萬福寺《おうばくさんまんぷくじ》を開かれた隠元禅師《いんげんぜんじ》の開山忌は、毎年四月二日から三日にかけて、関係者が集まって、厳修《ごんしゅう》されています。

このように、毎年の祥月命日に開山忌としての法要が行なわれますが、二百年忌とか三百年忌とかには、遠忌《おんき》といって、さらに大規模な法要が営まれています。

それに、大きなお寺になりますと、境内《けいだい》に開山堂が建てられ、そこでこれら開山忌の法要が行なわれます。

要するに、この開山忌は、お寺のお坊さんたちにとっては、開山に報恩謝徳の意を表わそうとして行なうもので、また、檀信徒《だんしんと》にとっては、開山忌にあやかって、死後の成仏を祈ろうと供養するものなのです。

11

授《じゅ》戒《かい》会《え》

授戒会とは、在家・出家の別なく、仏の教えを奉ずる者が守らねばならない規律を受けることを誓う儀式です。つまり、受戒して仏教徒となり、生涯戒を守ることを仏祖に誓う儀式のことです。これは、黄檗宗《おうばくしゅう》では七日間にわたって行なわれる最も大切な儀式です。

規律のことを仏教では、戒または戒律といい、自分の行動についての戒めであって、多くの戒律が定められています。たとえば、仏法僧《ぶっぽうそう》の三宝《さんぼう》に帰依する三帰戒や、五戒といわれる五つの戒めなどが基本です。五戒とは、

①不殺生戒《ふせっしょうかい》（生きものを殺さない）
②不偸盗戒《ふちゅうとうかい》（盗みをしない）
③不邪婬戒《ふじゃいんかい》（妻以外の女性、夫以外の男性とよこしまな交わりをしない）
④不妄語戒《ふもうごかい》（嘘をつかない）
⑤不飲酒戒《ふおんじゅかい》（酒を飲まない）

をいいます。

この授戒会の儀式は、『在家授戒法儀』にもとづいて行なわれます。それによりますと、まず、懺悔式《さんげしき》があり、次いで罪障を消滅する式、おかみそりを頂く式、三帰戒を受ける式、五戒を受ける式、衣《ころも》（袈裟《けさ》）を頂く式、戒名《かいみょう》を頂く式などがこの間に行なわれます。

このような授戒会に参加した者のみが真の仏教徒といえるでしょう。ところが、現状は受けておられない方が多いのです。それには、いろいろな事情が考えられるでしょうが、授戒を受ける機会が少ないということも理由の一つでしょう。大きな行事ですから、度々は開けないのです。遠忌《おんき》などの行事がもたれた時に開かれますので、その機会にぜひ進んで受けるようにしたいものです。各宗の宗務庁などに問い合わせてみて下さい。

仏教は、インドから中国へ、さらに日本へと伝えられ、そして国民生活の中に深く浸透しました。しかし、仏教の教理を正しく理解し、生活の浄化をはかろうとすることは、一部の人たちだけのことで、一般の人々は、現世利益《げんぜりやく》を追求することに熱心で、無関心でした。しかし、次第に仏教に対する理解が深まり、授戒そのものが現世利益の追求よりも宗教的安《あん》心《じん》・解脱《げだつ》を得るための手がかりとして受けとられるようになりました。仏教本来の姿に目覚めたわけです。かくて、授戒を受けることの意味がそこにあるのです。

12 般《はん》若《にゃ》会《え》

般若会とは、「大般若波羅蜜多経《だいはんにゃはらみたきょう》」という六百巻もある膨大な経典を転読《てんどく》して祈祷《きとう》する儀式です。転読とは、一字一字読むのではなく、経巻《きょうかん》をパラパラとひもといて、全体を読んでいるかのように見せかける読み方です。なにしろ、六百巻もありますから、多くの僧侶と長い時間がかかります。そこで考え出された読み方が、この転読なのです。

それでも略して、経典の題名や経典の中の数行を繰り返して読みます。

たとえば、「大般若波羅蜜多経　巻第…　大唐三蔵法師玄奘奉詔訳《だいとうさんぞうほうしげんじょうぶじょうやく》。……」「羯諦《ぎゃあてい》、羯諦、波《は》羅《ら》羯諦《ぎゃあてい》、波羅僧羯諦、菩提薩婆訶《ぼうじいそわか》」「降伏一切大魔《ごうぶくいっさいだいま》　最勝《さいしょう》　成就《じょうじゅ》　怨敵退散《おんてきたいさん》」などと大声で唱えながら、一巻一巻繰っていくのです。

では、このような儀式は、どのような意味があるのでしょうか。

この般若会の儀式も祈祷です。祈祷とは、祈願・祈念、つまり人間の祈り・願望です。このようにあって欲しいと願う、心の現われです。たとえば、国家が安泰《あんたい》でありますように、家内がみんな安全で、健康で、無事に暮らせますようにとか、仕事がうまくいきますようになどと祈ることなのです。

しかし、ここで大事なことは、このような祈祷をしたから、祈願をしたから、それで願いがかなえられるものだと早合点しないことです。そんな安易なことが、この世にあるでしょうか。

はっきりいって、何の保証も得られません。でも、祈らずにはいられないという気持から、こういった行為、儀式が行なわれるのです。やはり、大事なことは、その祈祷をしたその人間が、祈祷が実現するように、たえず精進努力をすることです。

「羯諦、羯諦……菩提薩婆訶」というのは、「般若心経」の中にある咒文《じゅもん》です。つまり、真言・真理の言葉です。それは、「渡ろう、渡ろう、彼岸へ渡ろう、彼岸へみんなで渡ろう。そして、悟りを開こう」という意味ですが、要するに般若会は、僧侶が、一般の人々に代わって、お互いの幸せを願ってお祈りすることなのです。

つまり、平和実現のために、この世に悟りのある世界を築くために、祈るとともに呼びかけているのであります。

13

盂《う》蘭《ら》盆《ぼん》会《え》

盂蘭盆会とは、「盂蘭盆経」という経典にもとづく先祖供養の行事であり、古来の民間信仰と一緒になったものです。

一般に、七月十三日の夕方に始まり、十六日に終わるとされています。しかし、地方によっては、旧暦によって八月に「月おくれの盆」を行ないます。関西では、八月に行なうのが一般的です。

この盂蘭盆の行事は、はじめ中国において盛んでしたが、今からおよそ千四百年前、推古天皇のころより日本でも始められたといわれており、そのころは、宮中の行事として行なわれていたようです。やがて、鎌倉時代から江戸時代へと継承され、今日に至っていますが、江戸時代になって一般化され、仏教の年中行事として定着しました。

では、「盂蘭盆経」の中にある説話をご紹介しましょう。

お釈迦さまの十大弟子の一人、神通《じんずう》第一といわれた目連尊者《もくれんそんじゃ》があるとき、地獄のようすを見たところ、自分の母が餓鬼道《がきどう》に堕《お》ち、やせ衰えている姿を見出しました。驚いた目連は、鉢《はち》に食物を入れて与えました。母は左手で鉢を持ち、右手で食物をつかもうとしましたが、口に入る前に火炎となって食べることができません。いっそう飢《う》えに苦しむ母を見て、堪《た》えかねた目連は、お釈迦さまに教えを請《こ》いました。

すると、お釈迦さまは、母の罪がたいへん重く、目連一人の力ではどうすることもできないので、七月十五日に、七世の父母のために百味飲食《ひゃくみおんじき》・五菜を供え、十方の衆僧に供養し、その力にすがるようにと教えられました。このことによって、悪道に堕ちた亡霊を極楽に導くことができるというのです。

十三日には、まこも・盆花《ぼんばな》・おがら・うり・なすなどで精霊棚《しょうりょうだな》を作り、夕方には迎え火を庭先でたき、墓に参って盆灯籠《ぼんとうろう》に火をつけ、先祖の精霊を迎えて帰ります。精霊棚には精進のものを供え、盆中には檀那寺《だんなでら》の僧侶が棚経《たなぎょう》をあげに訪れます。

そして、十五日（あるいは十六日）の夕方には送り火をたき、火をともした盆灯籠を持って、精霊を再び墓へ送ります。また、精霊棚の飾り物や供え物は、まこもに包んで川に流したりします。さらに、施餓鬼会《せがきえ》が寺で行なわれるときには、参詣し塔婆供養《とうばくよう》をするのです。

このような行事が、盂蘭盆会です。

14

地《じ》蔵《ぞう》盆《ぼん》

お盆の行事のしめくくりが地蔵盆です。八月二十四日が地蔵菩薩の縁日で、そのころに行なわれています。

お地蔵さんの信仰は、今から千年も昔から貴族や武士の間で、盛んに行なわれていたようです。錫杖《しゃくじょう》を持った木像のお地蔵さんが、各地のお寺にまつられました。やがて、町から地方へと、次第に庶民の間にも、広くこの信仰がゆきわたり、そしていろいろな習俗が生みだされたのでした。

一般に、お地蔵さんと親しまれている地蔵菩薩は、六道《ろくどう》の世界、つまり地獄・餓鬼・畜生・修羅・人間・天上などの世界をめぐって、亡者《もうじゃ》を救うといわれています。これが地蔵信仰の基本です。そして、亡者を迎えて善根《ぜんごん》を施して菩提《ぼだい》を弔《とむら》うという盆行事と、この地蔵信仰が結びついて、地蔵盆の行事が行なわれるようになったといわれています。

毎月二十四日は、地蔵さんの縁日で、特に八月が地蔵盆としてにぎやかに行なわれるようになったのは、このような事情からです。

地蔵盆の行事が一般化して、庶民の生活の中に定着したのは、室町時代の中ごろだといわれています。さらに、江戸時代になると、京都では、七月二十三日から二十四日にかけて、地蔵盆が盛んに行なわれ、子供たちも大勢参加してにぎわったそうです。

地蔵信仰は、本来亡者の救済を願うものでしたが、日本の社会に定着する間に、いろいろな信仰の要素を取り込んできました。

たとえば、その一つに、地蔵さんは童形《どうぎょう》をしているところから、子供を救うという信仰が江戸時代になって全国に広まったそうです。地方の村境にある石の地蔵さんは、このような考えから立てられたものでした。

また地蔵さんは、右手に錫杖を持ち、左手に宝珠《ほうじゅ》を乗せて、現世と冥界《めいかい》の境にいて地獄に赴《おもむ》く者を救うとされました。

このように地蔵さんは、弱い者を救うということから子供を守護したり、身体の不自由な者を救ったりすると信じられました。要するに、このような二つの考えから盆行事と結びつき、亡き人の魂が極楽に赴くように、また、わが子がすくすくと成長するように念じて地蔵盆が行なわれるのです。

15

施《せ》餓《が》鬼《き》会《え》

施餓鬼会は、水陸会《すいりくえ》とも冥陽会とも、施食《せじき》・施餓鬼食《せがきじき》ともいわれていますが、悪道に堕《お》ちて苦しんでいる衆生や餓鬼に施す法会のことです。この施餓鬼会は、盂蘭盆《うらぼん》の行事の一つとして、七月か八月に催されることが多いようですが、ときには三月、九月のお彼岸や、それ以外のときでも行なうことがあります。

この施餓鬼会のことについては、「瑜伽焔口科範《ゆがえんこうかはん》」という経典の中に、その縁起が説かれています。それをご紹介しましょう。

お釈迦さまのお弟子である阿難尊者《あなんそんじゃ》が、一人で修行しているところへ、あるとき焔口餓鬼《えんこうがき》という鬼がやって来ました。この鬼の形相《ぎょうそう》はすさまじく、体はやせ衰え、口の中に火が燃え、咽《のど》は針のように細く、頭髪は乱れ爪や牙は長く、恐るべき姿でありました。

この鬼が阿難に向かって、汝《なんじ》は三日のうちに命がつきて餓鬼の中へ生まれるであろうと言います。これを聞いた阿難は、恐れおののき、どうすればその苦からのがれることができるのかと鬼にたずねました。

すると鬼は、「汝もし一切の餓鬼に飲食《おんじき》を施し、わがために三宝《さんぼう》（仏法僧）を供養すれば、汝は長寿を得るし、私もまた餓鬼の苦しみから免《まぬが》れて天上に生まれることができるのだ」と答えました。

そこで阿難は、早速、お釈迦さまのもとに行って、餓鬼に飲食を施す方法をうかがい、実行したために、餓鬼道に堕ちる難から救われたということです。

この由来にもとづき、施餓鬼会は宗派を問わず盛んに行なわれていますが、日本でこの行事が行なわれるようになったのは、今から千年以上も昔のことといわれています。現在のように、死者の追善《ついぜん》を主眼とした施餓鬼が始まったのは、鎌倉時代の末のことで、禅宗の僧侶が主にこれを行なったようです。

江戸時代のころからは、川施餓鬼《かわせがき》という行事が、各地でしばしば行なわれるようになりました。それは、入水《じゅすい》や溺死《できし》などによって非業《ひごう》の最後をとげた人の霊魂を鎮《しず》めるためで、川の中に大掛りな施餓鬼棚を作って僧侶が読経《どきょう》します。

また、近年になっては戦争犠牲者の供養のためにも行なわれるようになりました。

16 達《だる》磨《ま》忌《き》

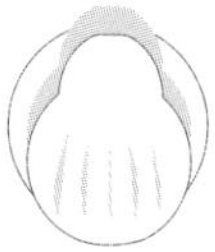

達磨忌とは、禅宗の初祖《しょそ》である菩提達磨《ぼだいだるま》の忌日《きにち》（十月五日）に禅宗の各寺院で行なわれる法会《ほうえ》のことで、「初祖忌」とか「少林忌《しょうりんき》」とかいわれています。この日に法会を営んで供養し、追恩《ついおん》報謝《ほうしゃ》を行なうのであります。

達磨は四世紀の人とも、五、六世紀の人ともいわれていますが、ある伝説では、南インドの香《こう》至国《しこく》の第三王子で、初めの名は菩提多羅《ぼだいたら》といい、また達磨多羅《だるまたら》とも呼ばれていました。

あるとき、般若多羅尊者《はんにゃたらそんじゃ》が東インドから旅の途中、南インドの香至国に立ち寄り、国王に会うことがありました。宮中へ招かれ、王といろいろ語り合った後、王より宝珠《ほうじゅ》を贈られました。

そのとき、三人の王子も呼ばれてあいさつをしました。尊者は、とっさにこの宝珠で三王子を試そうとされ、

「ただ今、頂いたこの宝珠は、まことに立派なものですが、この世の中で、これにまさる宝物があるでしょうか」と尋ねられました。

すると、第一王子も第二王子も「これは無上の宝物で、尊者のような徳の高いお方でないと、

とうてい受けることのできないものです」と申しました。

ところが、第三王子である達磨は、

「なるほど、立派な宝物には違いはないが、それより法宝（仏法）が最上だと思います。正しい教えの道（仏道）が何にもまさるこの世の宝です。尊者さまは、教える道をもっておいでになります。その道こそ尊い宝で、この世を照らす光明であり、一切の人間の心を明るくし、正しい生活の根本となりましょう」と堂々と答えました。

これには、尊者も大変感心されたということです。王子はその後、般若多羅尊者の弟子になり、名を菩提達磨と改められ、修行に励まれました。

約四十年間、尊者に師事され、尊者の滅後、中国に渡り、教化《きょうけ》の途につかれました。梁《りょう》の武帝《ぶてい》との問答は有名です。つまり、「今まで寺や仏像を寄進したりして仏教を保護してきたが、どんな功徳があるか」という武帝の問いに対して、「無功徳《むくどく》」と大声一喝《いっかつ》されたことです。

金や権力、地位を利用して行なった行為には、功徳はないということです。「欲にからんだご利益待ちのさもしい心を捨てよ」ということです。

さらに、達磨は、嵩山《すうざん》の少林寺《しょうりんじ》に落ち着き、そこで、面壁九年《めんぺきくねん》、修行に励むとともに、多くの弟子を育てられたのでした。今日の日本の禅は、もちろん達磨の流れを汲むものであります。

17

写《しゃ》経《きょう》会《え》

写経会とは、仏教の経文《きょうもん》を書写《しょしゃ》することによって仏の功徳《くどく》を得ようとする行事です。

また、写経は、経文を正しく書き写す行《ぎょう》の一つでもあります。したがって、そのためには、身を浄め、心をこめて書写しなければなりません。そして、ただ写すだけでなく、経文の一字一字にこめられているお釈迦さまの教えの中身を言葉を通して味わい、真理を体得することが大切なのです。

印刷術が発達する以前の古い時代のインドや中国では、経典を伝承していく重要な手段として、すでに広く写経が行なわれていました。

この写経の風習は、その後、仏教の伝統ともなり、特にわが国では、除災招福《じょさいしょうふく》のための行という形で行なわれているようです。また、平素あまり仏法に接する機会の少ない檀信徒《だんしんと》には、この写経三昧《ざんまい》を通して、精神の統一を計り、生活への活力を涵養《かんよう》させる布教の一つとしても行なわれています。

写経するためには、静かな場所（道場）が選ばれます。お寺の本堂などがよく使われます。

まず、道場を清浄《しょうじょう》にして、香を焚《た》き、墨硯《ぼくけん》の水は、早朝に汲《く》んで、本尊に供養したものが用いられます。道場に入る前には、衣服を整え、手を洗い、口をすすぎ、塗香《ずこう》して後、道場に入り、写経供養の法会を行ないます。そして、おもむろに写経を始めるのです。

一般には、よく「般若心経」が書かれているようです。写経が終われば、本尊前に納経《のうきょう》します。そして、時期を選んで経塚《きょうづか》に納められ供養会を行なうことがあります。

写経の歴史は、仏教の伝来とともにあり、奈良時代には、写経所が設けられ、多くの経文が書写されました。また、鎌倉時代の中ごろから勧進聖《かんじんひじり》の活動が盛んになり、大勢の参加者を得て盛大な写経会が催されたということです。

その後は、ただ経文を書写するということだけでなく、堂塔の建立・修理や死者追善のために、勧進という性格を帯びながら行なわれるようにもなりました。

しかし、写経は本来、行であり、写経三昧、精神の統一を計るものであります。要は、写経によって、菩提《ぼだい》を弔《とむら》ったり、功徳を願うだけでなく、仏道につながる修行として、身近なものにしたいものです。

18

除《じょ》夜《や》

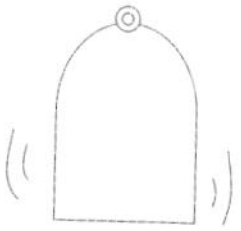

除夜とは、一年を除く夜ということで、人々が暮れゆく年を惜しみながら、夜を守り、一夜を送るということであります。

この除夜は、十二月三十一日の大晦日《おおみそか》の夜のことで、「除夕《じょせき》」「年の夜」とか「年越《としこ》し」などとも呼ばれています。この夜に疫癘《えきれい》を退散せしめるということから、この名があるともいわれています。とにかく、一年の最後の夜なので、さまざまな意味をこめ、旧年を送り、新年を迎えようという心の表われから、このような名が生まれたのでしょう。

ところによっては、この日、家族が一年間無事に過ごせたことに対する感謝の意をこめて、先祖をまつる宴を開いたりします。またこの夜は、「年を守る」といって眠らない風習のあるところもあり、早く寝ると年をとるともいわれます。

商家では、一年の総決算として夜を徹して集金にかけまわり、医者は屠蘇《とそ》を配り、家々では部屋を掃除して入口を飾り元旦のおせちを用意します。十二月を「師走《しわす》」というのはここからきた言葉です。

また、「年越しそば」「晦日《みそか》そば」として、この夜にそばを食べる風習があり、これは普通、そばのように細く長く生きることを願ったといわれています。一方、金箔《きんぱく》や金細工《きんざいく》を扱う商人が、毎年大晦日の夜、そば粉をまいて金粉をかき集めたので、そばを食べると金が集まるということもいわれたりしています。

さらに、社寺にお籠《こも》りをすれば、翌年中の諸難を除くことができるというので参籠《さんろう》して年を越す地方もありますし、「二年参り」といって三十一日から元旦にかけて社寺に参拝し、二年分の利益《りやく》を得ようとすることも行なわれています。

寺院では、この夜、法会《ほうえ》を修し、過ぎ去った一年を反省し、来たるべき年の幸福を願って、十二月三十一日午後十二時ごろから元旦にかけて、約一時間、百八の「除夜の鐘」をつきます。

百八の鐘は、百八の煩悩《ぼんのう》といわれます。その数え方には種々の説がありますが、とにかく、大晦日の除夜に鳴らす百八の鐘は、この法音によって、人間の心にある百八の煩悩の迷いを醒《さ》まし、一切の衆生に温かい仏心を呼び起こすものとされています。過ぎた一年の煩悩を消し、来たる一年の煩悩の迷いを脱することを願って鐘が鳴らされているのであります。

第五章

日常のおつとめ

1

仏壇《ぶつだん》のいわれ

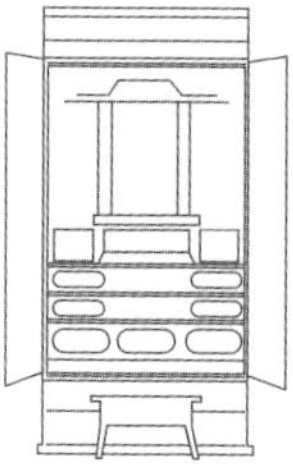

先祖をまつることは大切です。報恩感謝の心の表われだからです。ところが、仏壇にお参りするということは、えてして先祖供養に重きがおかれ、本来の仏壇の意味がおろそかにされているのではないでしょうか。仏壇と位牌壇《いはいだん》は別物ですが、現在では、仏壇の中に位牌をまつるようになっているので、そのような誤解が生じたと思われます。

では、仏壇とは、もともとどんな意味があるのでしょうか。そのいわれを考えてみましょう。

仏壇は、もともと自分の信心する仏（仏像）をまつったところです。

わが国で、今日のように各家庭ごとに仏壇が安置されるようになったのは、今から約千三百年前（六八五年）のこと、天武天皇の十四年三月二十七日の詔《みことのり》で「各家ごとに仏舎を設け、仏像や経典をまつって礼拝供養せよ」と言われたことに始まります。

当時は、仏舎と呼ばれていましたが、時の経過とともに現在のような各家庭の仏壇となったようです。また、仏さまの御堂《みどう》を厨子《ずし》といいますが、仏像や先祖の位牌を安置する家庭用の厨子を仏壇であるといってもよいでしょう。

この仏壇は、単なる容れものではありません。必ず一段高くして、そこに仏像を安置する場所を設けた壇になっています。この壇は古代インドの宇宙観で世界の中心にあるという須弥山《しゅみせん》をかたどったもので、須弥壇《しゅみだん》といい、この須弥壇を中心に仏壇はつくられています。

お寺の本堂には、必ずご本尊仏が安置されていますが、そこは一段高い壇になっているはずです。これが須弥壇で、仏教の求める最高の理想世界を象徴しているのです。

そのお寺の本堂をそのまま小型にして、家庭内に安置するようにしたものが仏壇です。つまり、ミニ本堂であります。やがて、仏教と先祖供養との結びつきができたために、仏壇に位牌をまつるようになったのです。

したがって、仏教徒である限り、死者の有無に関係なく、各家庭に仏壇は安置しなければなりません。しかし、わが国には、家族制度の名残りで、仏壇は本家、つまり長男の家にのみ代々受け継がれるという習慣になっています。そして分家した者は、新しい死者ができたとき、初めて仏壇を設けるということになってしまったのです。

これは、仏壇の本来の意味が忘れられ、先祖供養に重点が置かれるようになったためです。本来、生きている者のための仏教が死者儀礼のために片寄った由縁《ゆえん》であります。

2

合掌《がっしょう》のいわれ

仏教では、仏さまを拝むとき、合掌《がっしょう》礼拝《らいはい》します。この合掌には、どんないわれがあるのでしょうか。仏さまに合掌礼拝することは、仏さまを心から敬い、仏さまの教えに帰依《きえ》しますという気持を表わすものです。

合掌のしかたは、左右の掌《てのひら》と十本の指をそろえて伸ばし、指と指の間もはなさず、ピタッと合わせます。自然に、すなおに両掌を合わせると、手首が、みぞおちのあたりにくるものです。昔から、右の掌は仏さま、左の掌は凡夫《ぼんぷ》を表わし、合掌によって、仏さまと私たちが一つになるのだといわれてきました。

この両掌《りょうて》を合わせる合掌は、もともとインドの礼法なのです。インド人は、右手を清浄《しょうじょう》、左手を不浄として使いわけ、両手を合体するところに、人間の中にある浄と不浄を超えた真実の心が現われると信じたのでした。

また、右掌は悟りの世界を表わし、左掌は迷いの世界を表わすともいわれます。

「右ほとけ　左われぞと　合わす手の　中ぞゆかしき　南無の一声」

という歌がありますが、合掌する姿こそ、仏に帰依し、仏に救われる姿であるといえます。合掌は、娑婆《しゃば》即《そく》寂光土《じゃっこうど》、仏凡一如《ぶつぼんいちにょ》の世界、つまり、仏と人間とが一体となった姿を表わすことになるからです。

両掌を合わせた姿では、暴力を振るうことはできません。ですから平和の象徴であるともいえましょう。また、両掌のしわを合わせることから幸せの表象だともいわれています。

合掌は、仏の姿を表わす一つのサインです。仏像の中には、合掌している姿のものが多くあります。仏像や仏画は偶像ではありません。お釈迦さまが、お悟りになった純粋な人間性の象徴なのです。

お釈迦さまは、この純粋な人間性を自分だけでなく、誰でも、いつでも、どこでも必ず持っているものであり、ただそれに気づかないだけなのだという事実を発見されました。この純粋な人間性を「仏の心、如来の心」というのです。どんな人間の中にも、この純粋な人間性、つまり仏の心が秘められているのですから、それを拝みなさいと教えられたのであります。

自分の中に埋め込まれている純粋な人間性を自覚し、開発していくことが、ほんとうの救いであり、心のやすらぎです。仏教とは、人間が仏さまを拝むとともに、それ以前から人間を仏さまが拝んでいて下さる宗教なのです。

3

数珠《じゅず》のいわれ

数珠は、誦珠・呪珠とも書き、また、念珠《ねんじゅ》ともいわれます。

この数珠は、仏教徒の象徴とかシンボルのような役目を持っている仏具として、仏教の伝来以来、たいへん大切にされてきました。この数珠は、いつのころから使われるようになったのかは、はっきりしないようですが、「木槵子経《もくげんしきょう》」というお経の中に次のような逸話があります。

お釈迦さまのもとへ、ある日、近くの国の瑠璃王《るりおう》の使者が来て、「わが国は、盗賊に脅《おど》かされ、食料は欠乏して暴騰し、疫病《えきびょう》が流行して人々は困り、国王は昼夜心を痛めておられますが、仏さまの教えによって救われる方法はないでしょうか」と問いました。

お釈迦さまは「苦しみをなくそうと思うなら、木槵子《むくろじ》百八個を貫いて数珠をつくり、常にこれを持って、南無帰依仏《なむきえぶつ》・南無帰依法・南無帰依僧と三宝の名を唱えなさい。そして、一度唱えるごとに一つの木槵子を繰り過ごし、十遍・二十遍と百千万遍まで繰り返し唱えれば、衣食が満たされ、苦悩は去り、身心ともに安楽になるであろう」と答えられました。

国王は、この話を使者から聞いて、早速数珠を作らせ、自らも三宝の名を唱えたところ、人々は救われ、国はよく治まるようになったということであります。

わが国では、天平八年（七三六）に中国の僧から、聖武天皇に献納された菩提樹《ぼだいじゅ》の数珠が伝来の初めだといわれています。

数珠の材料は、昔から金・銀・赤銅・水晶などのほか、木槵子や菩提樹・蓮華の実、さらに珊瑚《さんご》・真珠・栴檀《せんだん》・象牙をはじめ、堅い木や草の実や貝や宝石などが用いられています。

この数珠の使い方は、装身具として飾りに使われたほか、数を数える道具、つまり、今の計算機のような役目にも使われました。

数珠の珠《たま》の数は、いろいろありますが、基本は百八個で、その半分の五十四個や、四分の一の二十七個、それに十倍の千八十個などがあります。この中で一番多いのは、百八個の数珠で、これは人間の煩悩を表わし、これを磨りへらして悟りをひらくという意味があるのです。除夜の鐘を百八つくのもここからでています。

数珠は、法事のときの単なるアクセサリーではありません。仏教徒として欠かすことのできない必携品《ひっけいひん》で、合掌礼拝するときには、必ず手にかけなければなりません。数珠は、仏教徒のあかしであるからです。

4 香《こう》のいわれ

仏前に、お供《そな》えするものの中で、欠かせないものに香・花・灯燭《とうしょく》があります。ここでは、香についてそのいわれをご紹介しましょう。

香は、匂《にお》い薫《かお》りのことであります。好ましい匂いや、嫌な臭いがありますが、古来、香には十徳ありといわれ、心身を清浄《しょうじょう》にするとか、けがれを除き、ねむけをさますためによく用いられてきました。

香は、いろいろな香料をまぜ合わせて造られています。材料には、香木《こうぼく》類や麝香鹿《じゃこうじか》・麝香猫《じゃこうねこ》など、植物や動物などあって一様ではありません。その種類も、練香《ねりこう》・塗香《ずこう》・抹香《まっこう》・線香・香水、香木では沈香《じんこう》・白檀香・伽羅《きゃら》香などとたくさんあります。

「道風徳香一切に薫《くん》じ」という言葉がありますが、香は人格の徳、精進の徳、社会環境を浄化する徳を表わすものとされています。

インドは暑い国であり、中国では肉食を常としていますので、その体臭を消すために、香を塗《ぬ》ったり、香をたく習慣が古くからあったようです。そこで、仏教でも、仏を供養するためには、まず身を清めねばなりませんので、香を塗ったり、香をたくようになったということです。この風習が、わが国に伝わったのは、やはり仏教伝来のときです。奈良時代には、抹香をたくのが主でありましたが、平安時代以後は香料の種類が増え、しだいにそれを練り合わせて香気を楽しむ風習もできました。

抹香は、もともと沈香と白檀香などをまぜた粉末香でしたが、現在では、樒《しきみ》の葉と皮から作られています。線香は、抹香を松脂《まつやに》や糊《のり》で固めて棒状にしたものです。安価なものは、杉の枯葉などを使っているようです。インドや中国のものは、線香の突端だけに香を固めてあり、わが国のものは、江戸時代の中ごろ、寛文七年（一六六七）に五島一官という人が中国から輸入し、作り始めたといわれています。線香は、便利なので、わが国では広く用いられていますが、抹香も線香も香をたくという意味から同じことです。

正式には、自分の抹香や線香を使いますが、一般には、備えつけのものを使います。焼香《しょうこう》の回数や線香の本数などは、本来決まったものではありませんが、仏・法・僧の三宝を敬《うやま》い、貪《とん》・瞋《じん》・痴《ち》の三毒という心の迷いを焼きつくすという意味で、焼香は三回、線香は三本たてるということも言われています。

要するに、香を用いるということは、心身を浄めるということなのです。

5

供花《きょうか》のいわれ

昔から仏前《ぶつぜん》には、香華《こうげ》をたむけ果物やお菓子、茶湯《さとう》をお供《そな》えするならわしがあります。しかし、こうしたお供《そな》え物をしたからといって、仏さまが姿を現わし、実際にそれを眺《なが》めたり、食べたりされるわけではありません。仏前へのお供えは、「仏前に花一輪の心がけ」と言われるように、自分のまごころを仏さまにささげることです。

したがって、お供えは、心をこめてするなら、何でもよいわけです。しかし、供花の場合、夾《きょう》竹桃《ちくとう》や曼珠沙華《まんじゅしゃげ》のような毒花や、ボケの花のようにトゲのあるものや、悪臭を発するものなどはさけなければなりません。色や形、香りなどは、やはり、よいものが選ばれるのは当然でしょう。

いずれにしても、花はいつも生き生きとしていることで、枯れかかったらすぐ取りかえるように心がけることが大切です。葬式など悲しみのときには、赤い華やかな色の花は遠慮すべきでしょう。

花には、表と裏がありますが、礼拝する側へ表が来るようにお供えします。つまり、仏さまの方に背を向けることになりますが、そのようにお供えするのであります。花で美しく荘厳《しょうごん》された仏さまを見たとき、それによって、私たちはきっと清らかな心を得ることができるでしょう。ところが反対に、花の裏で飾られた仏さまを見たとき、どんな気持がするでしょうか。おそらく不自然な、そして不快さを感ずることでしょう。

つまり、花の表を外に向けるということは、美しい花によって、仏さまを立派に飾るということで、こちらから見て立派であれば一層、仏さまへの尊信の心が起こるものです。仏さまにお供えすることは、仏さまを敬うという心から発しています。したがって美しい花をお供えすることは、最も自然な供養になるのであります。

供養とは、共に養い共に喜ぶということでもあり、自分自身を納得させることです。自分自身が納得しなければお供えした意味がありません。

仏前への供物は、新鮮で、しかも、初ものがよいとされています。また、ひとからの頂き物も仏前にお供えしてから頂くというように、何ごとも仏さまを優先する心ゆかしい行為が、人々の心を豊かにして、家庭や社会を円満にすることになるでしょう。

6

灯明《とうみょう》のいわれ

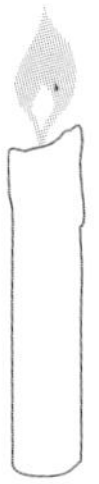

お釈迦さまがお亡《な》くなりになられようとするとき、嘆き悲しむ人々にお釈迦さまは、最後の教えを説かれました。自灯明《じとうみょう》・法灯明《ほうとうみょう》の教えです。「私が亡くなった後は、自分自身を灯火《ともしび》として、自分自身を依りどころとしなさい、他を頼りにしてはいけない。また、この法（仏の教え）を灯火として、依りどころとしなさい、他の教えを依りどころとせずに、生きていきなさい。……」と遺言されたのです。

それ以来、仏教徒は、このお釈迦さまの教えに従い、常に自覚ある行動をし、教えを大切に守ってきました。しかし、ともすれば私たちは、無自覚な行動をしたり、その場限りの欲望に身をまかせたり、信心と生活とが遊離してしまいがちになります。それを戒め、常に念頭におくために、自灯・法灯であるお灯明をかかげるのです。

灯明には、灯籠《とうろう》や輪灯《りんとう》・燭台《しょくだい》があります。輪灯というのは、上から油皿の器具を吊《つ》るしたものです。以前は、種油を皿に注《そそ》ぎ、灯芯を入れて点灯したものですが、今はあまり使われずに飾りになっています。

灯籠や燭台はよく使われますが、最近は、ろうそくを使わず電球をともすようになってきました。しかし、燭台は、やはり、ろうそくをともしたいですね。同じ光でも、ほの暗い闇の中で揺らぐろうそくの光は、好ましいムードをかもし出してくれ、私たちの心にやすらぎを与えてくれます。心を静め、あわただしさを忘れ、反省と修養のためにもなるようです。

お灯明の光は、すべての暗黒をひらくという仏の偉大な智慧の光、慈悲の光をたたえているともいわれます。私たちに仏さまの智慧の光をなげかけてくれているのです。

つまり、六波羅蜜《ろくはらみつ》（仏教の道を歩む者が実践すべき六つの徳目。一三五頁参照）の智慧行です。いつも暗黒の迷いの世界に生きている人間世界に、真実の光をかかげてくれているのです。「一《いち》隅《ぐう》を照らす」という言葉がありますが、灯明は、まさに一隅を照らすために、わが身を燃やしながら、その光をもって暗を照らすことを使命としているのであります。私たち人間も、お灯明のように、一隅を照らす存在にならなければなりません。

貧者《ひんじゃ》の一灯《いっとう》という有名な話があります。私たちの能力には限界がありますが、でも、せめてその能力いっぱいに、自灯をともし続けたいものです。

7

茶《さ》・菓《か》・浄饍《じょうしゅ》のいわれ

仏前にお供《そな》えするものには、まず香《こう》があり、供花《きょうか》があり、そして、灯明《とうみょう》があります。さらに茶菓浄饍を供えます。

その茶菓とは、お茶やお菓子などのことです。お茶は、茶湯器《さとうき》という用器にお茶を入れてお供えしますが、このときは、毎朝、家族が飲む前の最初のお茶を入れることになっています。また、お茶に代って、浄水を供えることがあります。この水は閼伽《あか》といって清浄《しょうじょう》な水のことですが、今では水道の水を使っています。お茶も浄水も、大清浄の徳をたたえて供えるものとされています。

次に、お菓子は、お饅頭《まんじゅう》や果物などを高坏《たかつき》に盛ってお供えします。これは、季節の初ものや珍しい頂き物などがあれば、まずお供えしてから頂くようにします。ほこりがたまったり、腐ったりしない前に早めに下げて食べるようにします。何を供えてもよいのですが、大事なことは、やはりお供えをする人の暖かい心がなければなりません。

そして、次には浄饍です。饍《しゅ》というのは、食膳のことで、つまり、飲食《おんじき》供養のことです。飲食供養には仏飯《ぶっぱん》と霊供膳《りょうぐぜん》があります。

平素は、仏飯を供えます。仏飯は炊きたてのご飯を仏飯器に盛ってお供えします。お米は日本人の主要な食糧であり、私たちの生命を維持する大切なものです。この大切なご飯をお供えして供養するのです。この供養は、今日私たちが生き、生かされていることの報恩感謝の念から行なうべきものです。

故人の命日とか、法事のときには、霊供膳をこしらえてお供えします。その人の好物だったものなどをお供えするのですが、やはり、仏前にお供えするものですから、肉類や魚類をさけた、いわゆる精進料理がふさわしいでしょう。汁物についても、煮干《にぼし》や鰹節《かつおぶし》のだしはさけ、椎茸《しいたけ》やこんぶを用います。

霊供膳は、御料理具膳《おりょうりぐぜん》ともいい、仏前に供える小型の本膳のことです。普通は一汁三菜《いちじゅうさんさい》の献立てで、手前から箸《はし》、左にご飯、右に汁、後方の左に壷《つぼ》（煮物《にもの》）、その中央に漬物《つけもの》というように配膳します。そして、霊供膳は、仏前に箸が向くようにお膳をまわしてお供えします。

このように、仏前には、いろいろな物をお供えしますが、要は、その意味をよく知り、真心のこもったお供えをすることが大切です。

8

位《い》牌《はい》のいわれ

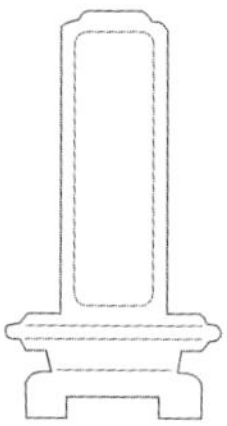

仏壇の中で、ご本尊の次に大切なものは位牌です。位牌には亡くなった人のお戒名《かいみょう》が表面に記され、裏面には、死亡年月日や俗名・行年が記されています。

したがって、位牌は先祖をはじめ、亡くなった父母や子供、つまり、故人を象徴するもので、礼拝するときの対象物として考えられたものです。私たちが礼拝しようとするとき、何か対象物があったほうが礼拝しやすいし、より礼拝する意識が起きてきます。このようなことから位牌が生まれたのでしょう。

事実、私たちは、位牌を拝むとき、亡くなった人や先祖をはっきり意識することができます。また、仏壇に位牌があることで私たちは、先祖とのつながりを身近に感じ、先祖に対する報恩感謝の念が沸《わ》いてくるものです。

もっとも、位牌は、仏教の教えから生まれたものではなく、中国の儒教《じゅきょう》の風習にもとづくものです。わが国には、鎌倉時代あたりから伝わり、仏教の考え方とまじって、現在のような形のものになったといわれています。

お釈迦さまが亡くなられてから最初にできたものは塔（墓）でした。そこに舎利《しゃり》（遺骨）を納めてまつりました。仏像ができたのは、もっと後のことであります。やはり、仏像があれば礼拝しやすいからでしょう。

ところで、位牌には、札位牌《ふだいはい》と繰り出し位牌などがあり、大きさもさまざまです。札位牌は、故人一人ひとりにつくられます。黒塗りのものや金箔をはったもの、文字を書いたり、彫り込んだものなどがあります。

繰り出し位牌は、屋根や扉のついた枠《わく》があって、その中に戒名を記した板位牌《いたいはい》を納めるようになったもので、月忌や年回のときに、それぞれの板位牌を表に繰り出すのです。

また、位牌には、順修牌《じゅんしゅはい》と逆修牌《ぎゃくしゅはい》とがあります。順修牌とは、亡くなった人のための位牌で、一般の位牌はすべてこれにあたります。逆修牌とは、予修牌ともいい、生きている者が、戒名を頂き、あらかじめ位牌を作っておくものです。この場合、戒名の文字は朱《しゅ》で埋めておく習慣があります。これを寿牌《じゅはい》ともいいます。本来、戒名は生前に頂くものですから、この逆修牌があっても決して不思議ではありません。

私たちは、位牌一つにしても、正しい理解をもち、丁重に扱うようにしたいものです。

9

木魚《もくぎょ》のいわれ

木魚は、「ポクポクポク」とのどかな音のする打楽器です。仏具として広く使われていますが、これは主にお経を読むとき、拍子《ひょうし》を取るために使われています。また人の集合や行事の合図にもたたかれます。

木魚は、もと魚板《ぎょばん》や魚鼓《ぎょく》ともいわれていました。魚の形をした一枚板で作られています。宇治の黄檗山萬福寺の斎堂《さいどう》前にある魚板は大きいので有名です。これは魚梆《かいぱん》と呼んでいます。

この魚板が今日のような円形の木魚に変化したのは、中国の明《みん》の時代で、わが国にもたらされたのは、明末、江戸時代の初めです。中国僧の隠元禅師が渡来されるとき持ってこられたということです。

大きいものでは、直径が二メートルもあり、小さいものでは、手のひらにのるようなものまであります。桑や楠《くす》や梆《ほう》の木から作ります。まず、円型にして表面には、魚のウロコを刻み、中をくり抜いて、横に孔《あな》をあけ、そして前面の竜の双頭《そうとう》に玉を抱かせた形にします。これを「バイ」という布または革で先を包んだ棒でたたくのです。

木魚のおこりは、一説によりますと、魚は昼も夜も、常に目覚めていて眠ることがないと信じられていたので、それにあやかり、木魚を作り、たたくことによって、人間の怠惰《たいだ》や惰眠《だみん》を戒めようとしたとのことです。

もっとも魚は眠らないのではなく、やはり夜は眠りますが、ただ魚には「まぶた」がないため目がつぶれないのです。全くの不眠不休では、身体が持ちません。しかし、何ごとかをなすときには、そのくらいの意気込みが必要だということでしょう。

また、次のような伝説もあります。

昔、インドに、一人の僧がいましたが、怠《なま》け者でしかも師匠の教えを守らず、勝手な振る舞いをしていましたので、やがて死後、その業報《ごうほう》によって畜生道《ちくしょうどう》に堕ち、魚の姿になってしまいました。そこで初めて後悔し懺悔したので、師匠がこれを憐み、その滅罪のために魚形を刻み、お経を唱えてこれを打ったということです。

なお、魚は上流にさかのぼっていって竜に変わるという中国のいわれから、竜は聖なる仏教の守護獣として、多くの寺院仏閣に欠かせない飾り物となっています。

10

お墓のいわれ

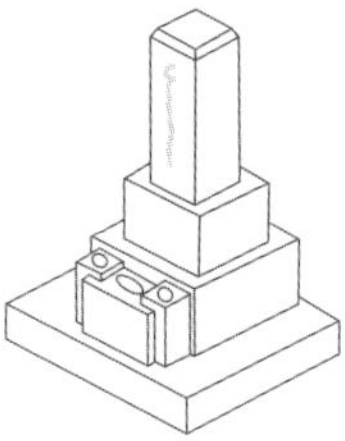

墓という漢字は、幕の漢字の巾《きれ》の部分を土におきかえたもので、幕には、巾をもって覆《おお》うという意味がありますから、墓は、土で覆うという意味になります。つまり、お墓は、死者を土で覆い埋めるところです。

かつて日本には、一般庶民のお墓はありませんでした。死者が出たときは、その死体を山や川へ遺棄《いき》していました。それは、うば捨て山の伝説があることでも察せられます。このような風習が、かなり後の時代まで続いていたようですが、庶民がお墓を作るようになったのは、室町時代のころです。そして、墓石を建てるようになったのは江戸時代の中ごろだといわれています。

ところで、お墓を一般庶民がつくるようになったのは、仏教が広まってきたことに深い関係があります。それまでの墓地は、死体遺棄の場所にすぎませんでした。そして、できるだけ遠いところが選ばれていました。それは、遺体が近くにあると、死者の霊が生きている人間に祟《たた》るのではないかと恐れられたり、また、死者のけがれが感染するのではないかと考えられていたからでした。

しかし、仏教の伝来によって、死に対する考え方が変化してきました。つまり、仏教の教えでは、死をけがれと考えないのです。仏教にとって、生や死は、ものごとの始まりであり、終わりであるからです。生も死も同列に位置するものであって、恐れるものではありません。また、忌《い》むものでもないのです。かといって、喜ぶべきものでもありませんが。人が死ぬことによって、私たちの肉体がただ分解するだけであって、恐ろしいけがれや死霊の祟りなどが起きるものではないのです。

昔の日本人は、死に対して一種の恐怖心をもっていました。しかし、このような仏教の教えによって、人々は死の恐怖より解放されたのでした。自分が愛していた人の遺体をむげに遺棄したりすることなどできるものではありません。やがて、人々は、お墓をつくり、遺体を埋めて供養するようになったのです。

人々が、死のけがれや忌《い》みを気にすることなく墓をもうけ、供養できるようになったのは、大きな変革です。仏教が現在、葬儀や墓地にかかわる由縁はここにあるのです。

現在では、ほとんど火葬が行なわれ、墓には墓石が建てられるようになりました。しかし墓石にまつわる迷信が、また数々ありますが、それらに惑わされず、ご先祖に対して心より報恩感謝の誠をささげたいものであります。

11

仏具《ぶつぐ》のいろいろ

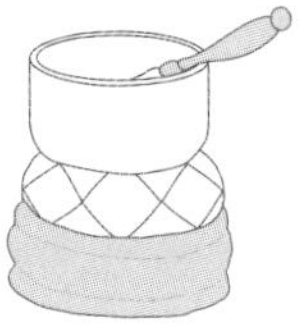

今まで、仏壇や仏壇にお供《そな》えするもの、それにお墓などのいわれについてふれてきましたが、ここで仏具のいろいろについてご紹介しましょう。

仏具には、いろいろな種類があります。ここでは特殊なものを除き、一般的なものを挙げます。

まず、仏飯器《ぶっぱんき》です。たきたてのご飯をお供えする用器です。仏飯のことをお仏供《ぶく》ともお仏餉《ぶっしょう》ともいいます。

茶湯器《さとうき》は、入れたばかりのお茶を仏壇にお供えするための用具です。

高坏《たかつき》は、お菓子や果物などをお供えするための用具です。受け皿に高い足がついたもので、半紙を敷いてから品物をのせます。

霊供膳《りょうぐぜん》――仏壇にお供えする小型の本膳のことで、霊膳《れいぜん》ともいいます。

灯籠《とうろう》――仏壇の内部を明るく照らすための用具です。仏壇に置くものと、輪灯《りんとう》といって吊《つ》り下げるようにしたものとあります。もとは種油《たねあぶら》を用いていましたが、今は豆電球を使っています。

香炉《こうろ》――線香や抹香《まっこう》をたくための用具です。

線香差《せんこうさ》し――仏前に使用する線香を差して、入れておく用具です。

花瓶《かびん》――華瓶と書いて「けびょう」ともいいます。仏壇に供えるお花を入れるのに用います。

燭台《しょくだい》――灯明《とうみょう》、つまりローソクを立てる用具です。

打敷《うちしき》――仏前を飾る錦や金襴《きんらん》の敷物《しきもの》です。

鈴《りん》――チーンという独特の澄んだ音の出る用具です。おごそかな雰囲気とともに、長く響く音色によって人々の邪念を払うために用いられるといわれますが、これは、お経を読むときの区切りに打つものなのです。

経机《きょうづくえ》――経本《きょうほん》をのせる机です。

このほかにも、木鉦《もくしょう》や木魚《もくぎょ》・過去帳・ローソクの火消し、マッチのじく木入れなどがあります。また、仏具の中でなくてはならないものに香炉・ローソク立て・花瓶《かびん》があり、その各一つずつの組み合せを三具足《みつぐそく》といい、花瓶を二つ、ローソク立てを二つ、そして香炉だけが一つ、つまり五つの組み合わせが五具足《ごぐそく》です。平常は、三具足として使う場合が多いようです。

このように、いろいろな仏具がありますが、それぞれには、すべていわれがあり意味があるのです。私たちは、よく理解し、これらの仏具を通して報恩謝徳の心を表わしたいものです。

12

日常のおつとめ

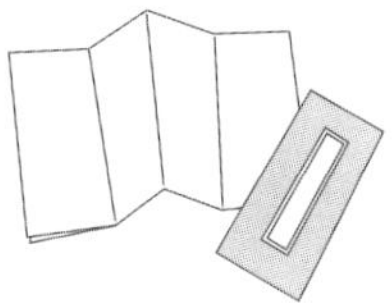

仏教は本来、生きている人間のための教えですが、いつの日にか先祖供養との結びつきができ、今やそれを無視することはできません。そこで、私たち仏教徒は、どのように日常のおつとめをすればよいのでしょうか。仏教徒である限り、家庭には必ず仏壇があるはずです。したがって、まず、その仏壇に対して礼拝供養をすることが大切です。仏壇にお参りすることは、むずかしいことではありません。

まず、心身を清めます。手を洗うことから始めましょう。次に、手に数珠をかけて威儀《いぎ》を整えます。そして、仏壇の中の灯明《とうみょう》に火を点じ、線香（三本）をともし、仏飯《ぶっぱん》・茶湯をお供えます。そのうえで、仏壇の前に正座し、合掌して礼拝いたします。

鈴《りん》を三回鳴らし、日課聖典により読経《どきょう》いたします（私の寺の場合は次の通りです）。

①懺悔文《さんげもん》
②三帰戒《さんきかい》
③開経偈《かいきょうげ》
④摩訶般若波羅蜜多心経《まかはんにゃはらみたしんぎょう》
⑤舎利礼《しゃりらい》
⑥回向文《えこうもん》

⑦四弘誓願文《しぐせいがんもん》

⑧普回向《ふえこう》

なお、もう少しお唱えするときは、「観音経《かんのんぎょう》」や、その偈文《げもん》を、また、「坐禅和讃《ざぜんわさん》」などをお唱えすることもあります。読経が終わりますと、鈴を三回鳴らし、合掌礼拝して終わります（以上は、一応の基本です）。灯明はすぐ消しておきます。

また、仏飯や茶湯はしばらくおいておき、のちほど下げます。家族全員が揃《そろ》っておつとめするのが理想です。通勤・通学などで一同が揃うことはむずかしいかもしれませんが、とにかく、一家の長たる者が率先して実践していただきたいものです。親の生きざまが、子供に反映いたします。

仏壇は、日常のお参りが大切です。いくら高価な立派な仏壇が安置されていても、扉《とびら》をとざしたり、うとんじてしまっていたのでは何にもなりません。家庭に仏壇を安置することは、仏教徒としての自覚の日々を送るあかしです。

要は、限りない生命と智慧の仏を拝み、ご先祖のご恩を偲び、ご先祖から伝わってきた生命の大切さを後世に伝えたいという人間としての願いを日々新たにすることです。

第六章

心と体の健康法

1

お釈迦さまの呼吸法

健康生活を実践するための、一つの方法をご紹介します。

それは、正しい呼吸です。呼吸とは、吐《は》いて（呼気《こき》）、吸《す》う（吸気《きゅうき》）ということで、つまり、息をすることです。この呼吸が正しく行なわれないということはすでに病気であり、止まれば死につながります。

お釈迦さまが六年間の難行《なんぎょう》の末、気づかれたことは、この吐くことに心をおく呼吸のリズムでした。その結果、お釈迦さまは高度な頭脳の働きと精神活動を得られたのでした。

では、そのお釈迦さまの呼吸とはどんなものなのでしょうか。それは、吐《は》く息は長く、吸う息は短くというものです。吐く息に意識をおいて行なえば、入る息は自然に入ってきます。この呼吸は、すべての修行に通じるといわれます。

たとえば、坐禅です。まず、姿勢を正して（調身《ちょうしん》）、そしてこの呼吸を行ない（調息《ちょうそく》）、意識を集中する（調心《ちょうしん》）のです。ヨーガもまたこの呼吸法が基本になっています。お経を読んだりすることも、修験者《しゅげんじゃ》が山を登りながら「六根清浄《ろっこんしょうじょう》」と唱えることも、この呼吸法にかなっているのです。

さらに茶道や華道、能や歌舞伎などの芸道も、この呼吸によって成り立っているといわれます。人間の身体には酸素が必要です。つまり、人間の身体の正常な細胞は、血液が運んでくるブドウ糖を分解してエネルギーを得ているのです。そのとき酸素の量が多いほどエネルギー量が増えます。また運動によって疲労物質の乳酸がたまると、酸素がそれを分解し、炭酸ガスと水にしてしまいます。ところが、酸素が不足するとこれらの働きがにぶくなり、人間の身体は立ちゆかなくなって、病気になるのです。ですから、正しい呼吸によって効率のよい酸素補給をすることは、病気の原因を取り除き、生命力を得るもととなります。

このお釈迦さまの呼吸法は、丹田《たんでん》呼吸とか腹式《ふくしき》呼吸とかいわれるものです。そのやり方は、

①みぞおち部分に、深いくぼみをつけるつもりでお腹を引っこめる。
②鼻で息を吐きながら上半身を前に倒していく。十秒から三十秒ぐらいの時間をかける。
③力を抜いて上半身を起こす。自然に息が入ってくる。
④上半身をさらに伸ばす。

これを繰り返すのです。簡単ですから、ぜひためしてみて下さい。

2

お釈迦さまの北枕西面《きたまくらにしおもて》

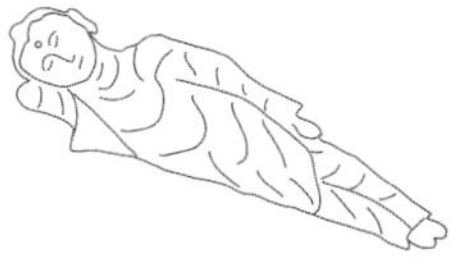

北枕西面とは、枕（頭）は北で、面（顔）は西向きということです。お釈迦さまの涅槃図《ねはんず》はこのように描かれています。つまり、頭は北で顔は西向きになるということです。

通常、死者は北枕に寝かされますので、生きている間は北枕が死につながると考えられて、忌《い》み嫌われ、縁起が悪いとされています。果たしてそうでしょうか。確かに北枕西面はお釈迦さまが亡くなられたときの姿ではありますが、北枕西面の姿勢をとっておられたから亡くなられたのではありません。

北枕西面の寝すがたは、古来からの健康法なのです。頭寒足熱《ずかんそくねつ》という言葉があります。つまり、頭は冷たく、足は暖かくするということです。頭を温めすぎたり、足を冷たいままで放っておくことは健康上よくありません。北枕西面は、この理にかなっているのです。北は南にくらべて涼しさを覚えます。特に夏は、北を枕にすると頭がのぼせず、気持よく眠れるものです。

また、頭が北というのは、身体が南北に伸びて寝るということですから、地磁気の影響を受けやすいのです。人間の身体は、この地磁気のはたらきによって新陳代謝が促進されるといいます。

磁石の針が振れるところは、どこでも北の磁極と南の磁極とを結ぶ磁力線が流れています。したがって、南北に寝ることは、それがちょうど頭から足にかけて、身体を貫く感じになるのです。効率のよい地磁気のとり込み方といえましょう。

次に西面、つまり顔を西に向けるということは、右脇を下にして横向きに寝ることです。こうすると、寝返りもしやすくなり、心臓や他の内臓を圧迫することもなく、安静に眠ることができるといわれています。

この姿勢は、腰痛《ようつう》の人にもよいようです。腰の要《かなめ》である腰椎《ようつい》に負担がかからず楽になります。また胃にとっても内容物をスムーズに腸に送ることができます。つまり、胃の負担を軽くすることができるのです。さらに、肝臓の機能を促進するためにも役立つといわれています。

このように、北枕西面は、いろいろと健康上の利点があり、すでにお釈迦さまが実践されたのです。

私たちは、つまらない迷信にとらわれることなく、試してみましょう。北枕西面は、死者の寝すがたではなく、生きている間にこそ実践したい安静のポーズなのです。

3

五《ご》体《たい》投《とう》地《ち》

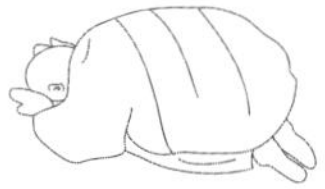

五体投地とは、両膝《りょうひざ》と両臂《りょうひじ》と頭とを地につけて礼拝することで、仏を礼拝するときの最上の方法だといわれます。チベットなどでは、熱心な仏教徒によって、手にグローブをはめ、足には膝あてをつけ、全身を地面に投げ出す五体投地の祈りが捧げられています。

この五体投地の礼拝のしかたは、日本の仏教にも取り入れられています。たとえば、法要のとき、僧侶がご本尊に向かって三拝します。合掌して身体をかがめ、掌《てのひら》を上にしてつき、頭を下げ、これを三回繰り返します。

お授戒《じゅかい》のときなど、戒子《かいし》（授戒を受ける人）が立ったり座ったり、何度もお拝《はい》をすることがあります。また私たち日本人は、畳の上でおじぎをします。正座をして、両手を前につき頭を下げます。これらもこの五体投地の変形なのです。

人間が両手両足を地面につけるということは、生物本来の姿にもどることです。人間の骨格は、基本的には四足動物としての構造になっています。ですから両手両足を地につけるときは脊柱《せきちゅう》は梁《はり》となり、二本の足で直立するときは柱に変わります。その結果、柱には負担がかかり、無理が生ずると全身の神経や血管が圧迫され、いろいろな病気のもとになるのです。

したがって私たちは、横になって寝たり、赤ん坊のようにハイハイして床に両手両足をつけ、脊髄《せきずい》や神経の圧迫を除き、交感神経の調整をして、全身の血液循環をよくする必要があります。この意味からしても五体投地は、単に礼拝のためだけでなく、私たちの健康法にかなった動作であるともいえるのです。では、その方法をご紹介しましょう。

①立った姿勢で自然に合掌、息を吐く。

②吸う息で爪先立《つまさきだ》ち、合掌した手をそのまま上にのばす。

③吐く息で膝を折り、床につける。

④正座をし、両手は体側に自然におろして呼吸を整える。

⑤吐く息とともに身体を前に折り、額を床につけ、掌《てのひら》を上に向けて上げる（また身体を前に投げ出してもよい）。

⑥吸う息で身体を起こし、左手から引いて正座の合掌の姿になり、息を吐いて、吸う息で最初の姿にもどる。

以上の動作をよどみなく流れるように行なうのですが、おじぎをしたときは一瞬止まります。この動作を九回繰り返すこと。これは、いつでもできますから、ぜひためしてみて下さい。

4

坐禅の坐り方〈1 調身《ちょうしん》〉

私たちが一生を生きていくために、心身を鍛えることは大切です。その方法の一つとして坐禅があります。

坐禅は、一般に考えられているように、決してむずかしいものではありません。具体的には、身体をととのえること（調身《ちょうしん》）、息をととのえること（調息《ちょうそく》）、心をととのえること（調心《ちょうしん》）の三つであります。これらのことは、私たちが平素から何気なく行なっていることばかりです。では、その坐禅とは、どんなものなのでしょうか。まず、身体をととのえることから、その方法をご紹介しましょう（二〇〇頁の図解参照）。

身体をととのえるとは、姿勢を正すということです。つまり、調身です。この姿勢をととのえるということは、坐禅が心身によい影響を与えるための重要なポイントになるのです。したがって、その方法を正しく身につけ、実行することが肝心です。

食事は軽くとり、窮屈でない衣服を着けて坐禅にのぞんで下さい。まず、静かな部屋を選び、座布団を二枚用意し、一枚を敷いた上に、もう一枚を二つ折りにして尻に敷きます。坐り方は、結跏趺坐《けっかふざ》と半跏趺坐《はんかふざ》とがありますが、結跏趺坐は、右の足を左のももの上にのせ、左の足を右のももの上にのせます。半跏趺坐は、右または左の足だけを左または右のももにのせる形です。

次に、右の手を左の足の上にのせ、左の掌《てのひら》をその上にのせます。そして両手の親指を支え合わせます（法界定印《ほっかいじょういん》という手の形）。こうして身を正して坐り、右や左に傾いたり、前こごみになったり、後ろへそらないように注意しましょう。舌の先は上あごに軽くふれ、口は閉じ、目は自然に開いて一メートル先に視線を落とします。息は鼻から静かに吸います。

以上で、身体は一応ととのうわけです。これから先は、息をととのえ、心をととのえることになりますが、この身体をととのえることがしっかりできなければなりません。

この坐禅の坐り方は、力学的にも生理学的にも、最も安定した姿勢なのです。初めの間は、少し苦しいかもしれませんが、慣れるにつれ、この形が最も楽な姿勢だということがわかるようになります。しかし、決して無理はいけません。徐々に慣らしていくように工夫して下さい。時間も初めは短く、五分か十分位でよいでしょう。しだいに長くしていきます。一般の坐禅会では普通、二十～五十分坐ります。なお坐禅の作法は宗派・道場によって異なる場合がありますので、坐禅会に行った場合には、そこの指導者やご住職などに指導を受けて下さい。

論より証拠、とにかく、実行することです。坐ってみましょう。

5

坐禅の坐り方〈2 調息《ちょうそく》〉

第二は調息です。調息とは、呼吸をととのえるということですが、坐禅では、非常に重んじられています。また、正しく呼吸をととのえることによって、坐禅の姿勢も定まり、悟りの心境に到達することができるというのが坐禅の考え方です。

ここでいう調息とは、ただ心の緊張を解きほぐすだけではなく、健康増進にもなり、一人で、いつでも、どこでも簡単にできる利点があります。その方法の一つをご紹介しましょう。

それは、呼吸数減少法といって、吐《は》く息を長くして呼吸を減らすのであります。普通、人間の呼吸数は、安静にしているときで、一分間に平均十八回ぐらいです。運動をすると突然、息が荒くなり、十八回以上に呼吸数が増えます。それでは、どのくらいに減らすのがよいのでしょうか。坐禅の修行を積んだ禅僧では、一分間に四回か五回です。ずいぶんとゆっくりした呼吸です。

そのためには、吐く息をゆっくりすることです。鼻先についた鳥の羽を動かさないほど、静かに少しずつ吐いていくのがよいといわれています。そうすると、吸う息は、吐く息が終わったとたんに、自然に肺に入ってきます。吐く息をできるだけゆっくり、スースーッと約十秒ぐらいかけて鼻から長く吐いていきます。これに対して、吸う息は、短めに鼻から吸います。このように吐く息を長く時間をかけてすることにより呼吸をゆっくりさせ、いつもの状態よりも呼吸数を減らすことができるのです。

この呼吸数を減らすということは、方法は簡単ですから、どこにいても、ちょっとした時間があればできます。たとえば、電車やバスの中で、乗り物のゆれと人の動きに逆らわずに身をまかせながら、息をゆっくり吐いて短く吸うのです。これを繰り返しさえすればよいのです。特別な姿勢をする必要はありません。立ったままでも、腰かけていてもできるわけです。

ゆっくり呼吸をするということは、つまり、肺の底にたまっている空気まで吐き出すことになり、空っぽになった肺と外気との間の気圧の差ができますから、吸気のとき無理に息を吸わなくても、自然に肺の中にドッと流れ込んでくるのです。効率的に酸素の吸入ができるわけです。

それにまた、呼吸をゆっくりすると心臓の負担を和《やわ》らげ、同時に、心の安定が得られることにもなるのです。肚《はら》が坐るというのは、この呼吸法が身についた姿です。

6

坐禅の坐り方〈3 調心《ちょうしん》〉

調心とは、心をととのえるということです。今までに調身・調息の方法についてご紹介しましたが、これらは、次の調心のための外的条件なのです。

たとえば、気弱な心、迷い悩み、傷ついた心を、仮に一人の病人とすれば、外側から身体や息をととのえることは、その病人を治すための病院や設備をととのえることになります。しかし、いくら設備や環境がととのったからといって、本人の自然治癒力や治そうとする気がない限り、治療は成功しません。どれほど外的条件がととのっても、その人自身の心のあり方がいいかげんでは、せっかくの坐禅も効果を上げることはできません。

では、その調心法の一つをご紹介しましょう。

この調心法のねらいは、身体をととのえ、息をととのえても、なおかつ動きまわる頭の中のさまざまな思いを、どのようにコントロールするかということにあります。

それには、非思量《ひしりょう》を体得することです。非思量とは、無念無想とか、無心《むしん》・三昧《さんまい》などと同じような意味です。思量は考えるということで、不思量は考えないということですが、非思量というのは、あることに精神を集中するということです。雑念を払うということにもつながるでしょう。たとえば、一つのことにもっぱら心が向いていて他のことに心が引かれない、言い換えれば、重要なことに心が向いていても、必要でない枝葉末節のことには心が引かれないということです。無理や努力という意識的なものがなくて、自然にできる精神集中です。

つまり、一つのことに没頭しながら、四方に気が配れる精神状態のことです。一つのことに集中しながら、それに執《とら》われない、没頭しているようで、四方に気を配っている、このような精神状態を非思量というのです。

昔、剣豪の宮本武蔵は、碁《ご》を打ちながら周囲の危険を感じ、先を制することができたといわれます。碁盤の方に注意を集中していても、常に自らの周囲に注意が配られているという、さすが剣の達人ならではの非思量を感じさせられる話です。

私たちが非思量の精神状態に到達するのはなかなかですが、まず一つのことに集中することから始めたいものです。

要するに、調身・調息・調心の三つの方法が一体になってこそ、初めて正しい坐禅といえるのです。

7

心の転換をはかる

心をととのえる方法として、まず心を一つのことに集中する方法がありましたが、大切なのは、一つのことに集中しながら、それに執《とら》われずに、まわりのことにも気が配れるということです。つまり、これを非思量《ひしりょう》といいました。これはなかなか達し難いかも知れません。

そこでさらに、心をととのえるための他の方法があります。それは転換法といわれるものです。一つのことに集中するということは、一つのことに執着しているということでもあります。仏教では、執着を離れよ、一つのことに執われてはいけないと教えます。

心の向かう方向が一方に偏することがよくないのです。心の方向が一方に偏しますと、他に対して盲目になったり、こだわりが生じます。このようなとき、頭の切り換えが行なわれなくては、注意や関心は、ずるずるとそちらへ傾斜していってしまいます。それを防ぐのが転換法です。

人間の心には、さまざまな感情の波があります。この波によって、私たちの心は、しこりやこだわりに執われた状態になってしまいます。これを葛藤《かっとう》といいますが、こうした感情のうねりを自然に静めるのが転換法です。

たとえば、私たちもときどき経験していることですが、あれこれ考えれば考えるほどわからなくなり、思考が堂々めぐりすることがあります。また、仕事がうまくいかないとか、勉強がはかどらないときも同じような精神状態に陥っているのです。

こうした精神状態から脱け出すためには、いったんその問題から離れ、心の向きを転換して新しい活力を吹き込むことです。しかし、決して気軽なうさ晴らしや気分転換であってはなりません。

いろいろな角度からものを見つめなおすことです。いろいろな立場からものを考えるという訓練をすることとです。これが転換法といわれるものです。このような方法が身につくと、現実に、頭の切り換えが必要なときでも、すみやかにそれに対応して心の転換がはかれるのです。

要するに、心をととのえるためには、まず集中法を学ぶことです。そして意識的集中か無意識的集中に進むと、一種の三昧を味わうようになります。しかし、特定の対象に打ち込む三昧では、打ち込めば打ち込むほどに他のことに心がまわらなくなります。そこで、この転換法で、ある三昧から別の三昧への心のスイッチバック、切り換えが自然にできるようになってほしいと思います。

8

心をととのえる連《れん》想《そう》法《ほう》

心のととのえ方には、さらに連想法というのがあります。これは、頭に浮かぶ連想をうまくコントロールして、心をととのえようとする方法です。

心をととのえようとすればするほど、いろいろな雑念がわいてきて困ることがあります。そこで、この雑念が起こってきたときには、むしろ無理に消そうとしたりせずに、自然に消えるのを待つことです。決してこれを消そうとして、かえって念を追うことをしないことです。意識せずして念が消え、統一した心の状態に達するのが坐禅です。

坐禅中の雑念や連想は、それにいつまでも引きずりまわされているようでは困りますが、念が念を呼ぶのは、自然のままに任かせておいて、いつしか消えてしまうのを待つのが理想的なのです。念のありつぶれ、これは念を消そうとするのではなく、あるがままにまかせておくうちにつぶれてしまうということです。

連想法とは、ある一つの刺激に対して、心がそれについての連想を生むとすれば、その連想そのものを除こうとしたり、連想そのものをつぶそうとしたりするのではなく、連想が連想を呼ぶのを、少し自分の心の中でそのままに任せてみるという訓練法なのです。

このようにしていると、そのうちに自然と連想がなくなることもあるし、連想そのものが案外、問題解決につながることになります。

たとえば、何か一つ気になることがあって、ほかのことをしているときに、ときどきそれが頭をもたげてくることがあります。人と話をしていたり、仕事や会議の最中などに突然そうした念にとりつかれると、話や仕事や会議に身が入らなくなってしまいます。しかし、こんなとき、この念を意識的につぶそうとしたら、かえってそれを強くすることになります。したがって、むしろ、この念と仕事や会話や会議などが並行して同時に進められるよう考えることです。連想は、それを可能にするための方法なのです。

一方で仕事のことを考え、他方で雑念に悩まされているということは、確かにそのときは、仕事にとってマイナスかもしれませんが、それに耐えることによって、かえってよい結果を生むことがあります。

つまり、連想法は、一つのことに集中しながら、ほかのことへ、連想に連想を重ねていくという訓練法のことなのです。

9

自己を取り戻す瞑想法《めいそうほう》

心をととのえるための方法として、さらに瞑想法があります。瞑想とは、目をとじて静かに考えることで沈思黙考《ちんしもっこう》ということです。この瞑想法は、心の生活や健康にとっても睡眠と同じくらい大切なものだといわれます。

現代人の生活のテンポは昔と比べずいぶんと速くなってきました。交通網の発達が時間を短縮したように、仕事もあとからあとから続いて、休息する心の時間をも短縮してしまいました。この現象は、大人のみならず子供の生活にも見られることです。たとえば、学校から帰ってくれば、学習塾やお稽古《けいこ》ごとなどと確かにハードスケジュールです。

子供にとって遊びは必要なものですが、それが短縮されたとなると、どんなものでしょうか。憂慮されることの一つでしょう。大人にとっては、この瞑想が、子供の遊びと同じように必要なものなのです。

現代は、価値観の多様化のために、なんとなく生きにくいと感じられるのは、自分自身の生きる価値を見失っているからでしょう。瞑想法は、この見失われがちな自分自身の心の現実を識《し》る方法であり、また、複雑な時代の潮流の中で確実なものは何か、潮流に流され翻弄《ほんろう》されている生活の中で、ほんとうの自分とは何かを識る方法ともいえるでしょう。

瞑想の本来の意味は、内省とも、返照《へんしょう》、照り返しともいいます。これは、悟りの一歩手前の境地にあたるともいわれるのです。

心のイメージをきれいな水の入った器として、そこへ何か一つの刺激、たとえば一つの花びらが落ちたとすれば、その水面には直ちに波紋が生じ、その波紋はしだいに周りに広がっていきます。そしてやがてその波紋は再び中心に向かって返ってきます。

このように心の場合でも、一つの刺激によって心の波紋がしだいに広がっていきます。その広がっていく心の波紋の跡を追ってみることが大切なのです。そうすることによって一つの刺激が内面化され、自己の真に求めるものの実体に近づいていくのです。そして、やがて心は納得した状態になるのです。これは一時の悟りの境地といってよいでしょう。

瞑想法というのは、このように心に生じた波紋が水の入った器の中を行きつ戻りつするように、一つの心の観念、ついで起こる観念、観念がまた刺激と一緒になった別の観念、それらのイメージを自問自答しながら、自然に心が納得のいく解決に落ち着くまで繰り返すのです。どうぞ、真の自己を取り戻すために、ぜひこの瞑想法を実行してみて下さい。

坐禅の坐り方

1これから坐禅をしようと座布団の前に立つ。

2座布団に坐る（二つ折りにした座布団に尻をのせる）。

3まず右の足を左のももの上にのせる。

4次に左の足を右のももの上にのせる（この形を結跏趺坐という）。

5もし結跏趺坐が組めない場合は、片方の足を、もう一方の足のももの上にのせるだけでもいい（この形を半跏趺坐という）。

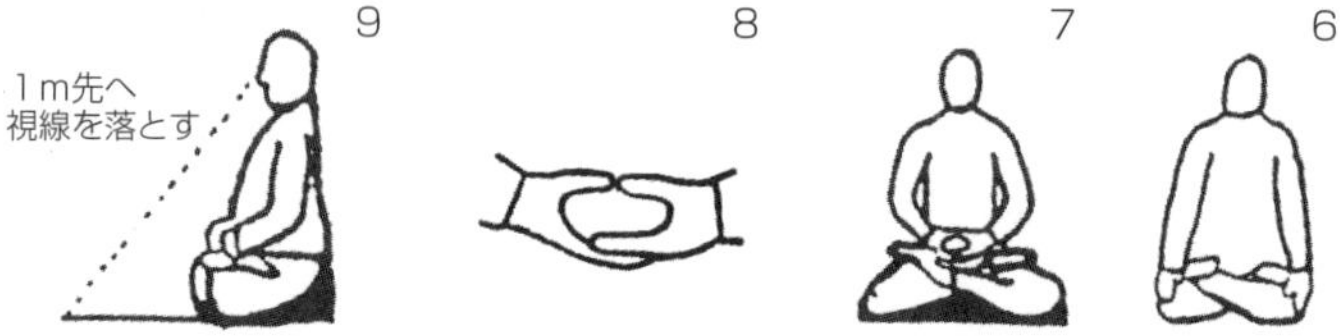

6真っ直ぐ正面を向いたまま手を組む準備をする。背骨の末端と地に着いた両膝の三点で上体をしっかり保持し、体を前後左右に幾度か揺すって安定させるようにする。

7両手で法界定印を組む。

8法界定印（右の手のひらが下。両の親指の先は軽く触れ合わせる）。

9背筋を真っ直ぐ伸ばし両肩の力を抜き、目は自然に開けて視線を一メートルほど先へ落とす。このとき、目は半眼となり、無理なく下腹に力が入れば、ゆっくりと充実してくる。

※足が組めない女性は、普通の正座のまま両膝を少し広げて、お尻が座布団の上に落ちるようにすれば、自然と下腹に力が入る。

あとがき

この度、大法輪閣のおかげで、私の拙い原稿をご採用くださり、出版していただくことになりました。無名の私にとって何よりの光栄であり、心よりお礼申し上げます。

さて、「あとがき」として私の紹介と、本書ができるまでの経緯について記させていただきます。

私は、大阪の自敬寺という小さなお寺の住職でしたが、最近、後継者（息子）に引き継ぎましたので、現在は前住職（閑栖）であります。昭和三年五月生まれで、今年（平成十七年）は七十七歳の喜寿を迎える年になりました。この記念すべき年に私の本が出版されることは望外の喜びであります。

二十歳までは、戦争の前後でまさに動乱の時代でした。言葉では言えない貴重な体験をいたしました。次の四十五歳までの二十五年間は、戦後の復興期で人を教え育てる教員の生活を経験させていただきました。

その後は、昭和四十九年三月に、先代和尚（父・八十歳）のあとを引き継ぐために教職を退くことになりました。そしてその五月には、住職披露の晋山式《しんさんしき》を行ないました。なお、同じこの時期に布教講習会がありましたので受講し、幸いにも無事合格して布教師の認定を受けました。

このように同じ時に、住職と布教師の資格を得て僧侶としての同時スタートになりました。以来、早三十年、この道一筋で精進してきましたが、平成十三年九月、私の退山で後継者にバトンタッチいたしました。一応、順調に退山ができ、しかも檀信徒の祝福を受け、住職冥利に尽きる思いでした。その三十年来の成果が、この「仏教を学ぶ」シリーズが物語ってくれています。

＊

次に、当シリーズを含めた、私の僧侶としての経緯ですが、一口にいって私の布教活動のすべてだといえます。

私は、住職と布教師になったものの、実は知識も経験もなく、中身が空っぽの状態でした。これでは檀信徒に申し訳なく、急いで中身の充実を図らねばなりませんでした。教職の経験はあるものの、ぜんぜん畑が違います。しかし人を導く面では共通点があります。そこで私は、布教師の道を目指したわけです。したがって、その経験を生かして実践するしかありません。

私は、四十五歳でしたから、もう猶予はありません。そこでまず布教師としての実力を養うことです。布教には、いろいろな方法手段がありますが、やはり第一は、対象を前にして話し言葉を通して法話や説教をすることであります。いつでも、どこでもできるように平素からの心構えや準備が必要であります。

そのために、私は自坊での「法話の会」を定期的に開くことを考えました。再三は無理ですが、一ヶ月に一度なら可能です。そこで毎月の二十五日を法話の日として位置づけ、昭和四十九年六月より開始いたしました。たとえ聴衆が一人であっても、話すことには変わりはありません。対機説法《たいきせっぽう》であります。檀信徒に案内を出しましたが、案ずるより産むが易《やす》しで、第一回より参加者がありました。そして常連者ができ、熱心に聴いていただけるので、こんな嬉しいことはありませんでした。一層の励みになりました。

おかげさまで退山するころまで続けられました。話材も増え、話し方、つまり話術もなれ、自分なりに円熟した感があります。これなら対外的に要請があっても対応できるようになりました。何ごともやればできる、ただし真剣に熱意をもって努力すればのことですが、私は身をもって体験いたしました。

次に私は、法話の会以外に、お寺での行事をいろいろして、お寺へ大勢来ていただけるように行事計画を立てました。年間を通して、可能な行事はいくつもあります。たとえば、春・秋の彼岸会、花祭り、成道会《じょうどうえ》、涅槃会《ねはんえ》、お盆、お施餓鬼《せがき》、地蔵盆など、なお月例としては、法話の会のほか、坐禅会や写経の会、書道の会などであります。

三十年間、私の寺では、すべて行なっています。そしてそれが定着しています。その都度、法話をすることはもちろんであります。したがって、そのおかげで檀信徒の意識や関心が深まってきました。そして今では、護持会ができ、自主的に運営等についても協力が得られるようになりました。私が自分の勉強のために始めた布教活動が実ってきた感じであります。

さらに、法話や行事だけでなく、平行して文書伝道も考えました。これも毎月一度、原稿用紙三枚程度の布教文を作成し、印刷して、それを機会あるごとに多くの方々に配布いたしました。これが「だるま」と題する布教紙であります。昭和五十年一月より発行し、これも退山するまでの二十六年九ヵ月、平成十三年九月まで実に三百二十一号まで続きました。

できるだけ、わかりやすく、平易をモットーに、専門語はなるべく避け、解説を入れながら、仏教の基本的な事柄から、毎月テーマを決めて続けてきました。おかげさまでこれも好評をいただき、喜んでおります。

また、門前に掲示板を設置し、道ゆく人への啓蒙を考えた掲示伝道もやってきました。これも定期的に入れ替えていますので、通行の方もよくご覧いただいているようです。ただ単に、お経を読むだけが布教ではありません。私はこのように、文書と法話を交えた布教を進めてまいりました。

えてして、仏教は死者儀礼や先祖供養が中心かのような現状です。もちろん、これらも無視できませんが、生きている人たちのことを考えることの方がより大切なのであります。本来の仏教は、そのように思います。布教活動を実践してみて、これが真の仏教のあり方だと実感しています。

ところで、この「だるま」の内容についてはその都度、私の求めるままに、全体としての統一もなく連載してきました。たとえば、四法印《しほういん》のことや四諦《したい》の法門について、八正道《はっしょうどう》とは何か、五戒のこと、六波羅蜜のこと、さらに仏事や法事のこと、仏教行事や仏像のいろいろ、そしてお経の話などです。

これらは『仏教を学ぶ―だるま一二〇』『続仏教を学ぶ―だるま一二〇』『続々仏教を学ぶ―だるま八〇』としてまとめました。この度、大法輪閣の「仏教を学ぶ」シリーズの第一巻として出版される本書は、右の三冊の中から日本仏教を学ぶにふさわしい項目を選んで、再編集したものです。

私は、黄檗宗《おうばくしゅう》という宗派に所属していますが、宗派にとらわれずに、広く仏教として対応してきました。ですから自敬寺では、檀家だけでなく、信徒も対象にさせていただいていますので、檀信徒であります。そんな檀信徒を含め、せっかく身近にある仏教をこの本を契機に学んでいただければ幸いです。

＊

終わりに、お釈迦さまの出家の動機について考えてみたいと思います。四つあります。

その一つは、お釈迦さまも、生老病《しょうろうびょう》死《し》の人生苦を悩まれ、それからの解脱を考えられました。そして涅槃常住の楽土を求められたのであります。

その二は、神の存在についての疑問であります。世界を神が創造したとか、人生を神が支配しているとか、それが真実かどうか、また神そのものは何かといった、神の正体を明らかにすることでした。

その三は、当時のインドは戦乱の時代で国と国とが、また兄弟相食《あいは》み、父子相争の修羅の世界でしたので、その混濁の世を打開し、平和を導くためでした。

その四は、四姓の差別をなくし、平等に自由になる世界を求めんがためでした。

以上がお釈迦さまの出家の動機といわれるものですが、私はこの動機に感動いたしました。これが仏教の根本の目的だからです。

次に、これらの疑問を解決するために六年間の難行苦行に励まれましたが、結果、苦行は無駄だと気づかれ、いさぎよく捨てられたということです。この転換もすばらしいと思います。そして、菩提樹下で坐禅して思索に耽られ大悟されたのであります。

したがって、私たちは今日の現状を反省し、何が仏教かを見極める必要があるのではないでしょうか。宗派でなく、仏教として正しく理解を深め、実践しようではありませんか。

最後に、大法輪閣の小山編集長さまをはじめ関係者の皆さまに、改めて心よりお礼申し上げ、あとがきといたします。ありがとうございました。

平成十七年二月

服部祖承　合掌

服部 祖承（はっとり・そしょう）

昭和3年、大阪市自敬寺にて生まれる。昭和24年、大阪第2師範学校卒業。
昭和44年、玉川大学教育学科卒業。昭和24～49年大阪市立小学校教諭。
昭和50～51年、豊中市立中学校講師。
昭和24年、法脈相承。昭和37～平成7年、自敬寺住職。
昭和49年5月晋山式。平成7年～17年、自敬寺閑栖。
昭和49年6月、臨済宗連合各派布教師認定。黄檗宗布教師認定。
昭和55～60年、黄檗宗教学部長。平成5～10年、布教師会会長。
昭和47年～平成17年、法務省保護司。
平成17年3月19日、遷化。

著書 『〈仏教を学ぶ〉ブッダの教えがわかる本』『〈仏教を学ぶ〉お経の意味がわかる本』（以上・大法輪閣）
『仏教を学ぶ―だるま１２０』『続仏教を学ぶ―だるま１２０』
『続々仏教を学ぶ―だるま８０』『わが布教人生25年』『仏教を語る』、
『口説布教シリーズ』（1・2）
編著 『黄檗隠元禅師の禅思想』
自敬寺 〒532-0006 大阪市淀川区西三国2-12-43
TEL 06-6391-5348 FAX 06-6391-4567
jikeiji@gol.com

〈仏教を学ぶ〉日本仏教がわかる本

2005年4月8日 初版第1刷発行
2021年10月20日 初版第7刷

著者 服部祖承
発行人 石原大道
印刷・製本 三協美術印刷株式会社
発行所 有限会社 大法輪閣
〒150-0022 東京都渋谷区恵比寿南2-16-6-202
TEL (03) 5724-3375(代表)
振替 00160-9-487196番
http://www.daihorin-kaku.com

ISBN978-4-8046-1218-8 C0315